Eckhard Thiemann

Berliner Brückengeschichten

Ein historischer Streifzug vom Wasser aus

Jaron Verlag

Abbildungen

Bildarchiv Preußischer Kulturbesitz: S. 20, 26 o., 27 u. (Foto: R. Schacht), 60 u., 66
Rainer J. Fischer, Berlin: S. 36 u., 39 o., 40 u., 42/43
Landesarchiv Berlin: S. 26 u. (Foto: W. Titzenthaler)
Günther Schneider, Berlin: S. 23, 74/75
Stiftung Preußische Schlösser und Gärten: 11
Stiftung Stadtmuseum Berlin: S. 14 o., 15 o., 67 u. (Repro: H.-J. Bartsch)

Die übrigen Abbildungen stammen aus dem Archiv des Autors.

Umschlag vorn: Schlossbrücke (Xaver Sandmann, um 1860)
Umschlag hinten: Moltkebrücke (Rainer J. Fischer)

Originalausgabe
1. Auflage 2008

www.jaron-verlag.de
Umschlaggestaltung: Atelier Kattner, Berlin, unter Verwendung einer Lithographie von Xaver Sandmann und einer Fotografie von Rainer J. Fischer
Satz und Layout: Prill Partners | producing, Berlin
Lithographie: LVD GmbH, Berlin
Druck und Bindung: Bosch Druck, Landshut

ISBN 978-3-89773-582-8

Inhalt

Angler an der Schlossbrücke

Vorwort

Seit dem Siedlungsbeginn von Berlin und Cölln im 13. Jahrhundert waren Brücken stets eng mit der wechselvollen Entwicklung der Stadt verbunden. Brücken sind mehr als technische Bauwerke, die man »mit Füßen tritt«, sie sind auch Zeugen der Kulturgeschichte und ein Spiegelbild der Baugesinnung einer Gesellschaft.

Brücken sind Unikate. Aus vielgestaltigen Konstruktionen bestehend, werden sie aus den unterschiedlichsten Baustoffen wie Holz, Stein, Beton, Stahl und Spannbeton gefertigt und müssen als kompakte Konstruktion den Einwirkungen des schweren Autobahnverkehrs oder als filigranes Bauwerk den Radfahrern und Fußgängern genügen. Planung, Entwurf, Berechnung, Bauausführung und Gewährleistung der sicheren Nutzung stellen verantwortungsvolle Ingenieuraufgaben dar. Der Laie erfährt davon nur wenig, er setzt die sichere Benutzung als selbstverständlich voraus.

Nach wie vor führen die meisten Brücken über Gewässer. Die Tatsache, dass jährlich einige hunderttausend Berliner und deren Gäste bei den Schifffahrtsgesellschaften die Tour »Unter den Brücken« buchen, zeigt den Reiz, den diese Bauwerke ausüben. Berlin ist eine der brückenreichsten Städte. Superlative des Brückenbaus sind aufgrund der topographischen Gegebenheiten nicht erforderlich. Dafür bieten jedoch die Berliner Brücken hinsichtlich ihrer konstruktiven Gestaltung viel Interessantes, und der Brückenschmuck einiger älterer Brücken ist es wert, sich näher mit ihm zu befassen.

Dieses Buch ist keine brückentechnische Abhandlung, sondern der Versuch, mit Bildern und kurzen Erläuterungen das Interesse an Brücken zu wecken und auf Zusammenhänge mit der Stadtgeschichte hinzuweisen. Es widmet sich sehr unterschiedlichen Themen – von den Wandlungen der beiden ältesten Spreebrücken über Berliner Besonderheiten wie die Kolonnaden-, die Klapp- und die Sechserbrücken bis zur aktuellen Bebauung des Spreebogens am Reichstag.

Wer sich weitergehend informieren möchte, findet einige geeignete Literaturangaben im Anhang. Da es nicht ganz ohne Fachausdrücke geht, wird ein Glossar angeboten.

An dieser Stelle ein Dank an alle, die das Erscheinen dieses Buches unterstützten bzw. ermöglichten.

Vom Damm zur Brücke

Spaziergänger, die von der breiten Brücke am Molkenmarkt Ausflugsschiffe die nahe liegende Schleuse passieren sehen oder auf der anderen Seite die Gebäude um die Nikolaikirche und das Ephraim-Palais betrachten, können die überaus wechselhafte Geschichte ihres Standortes und die damit verbundenen Veränderungen des Stadtbildes nur erahnen.

Lange vor der Stadtgründung im 13. Jahrhundert boten hier sandige Untergründe beiderseits der Spree inmitten des sonst flachen und stark sumpfigen Spreetals die besten Bedingungen für einen Spreeübergang zwischen Köpenick und Spandau. Die Handelsstraße zur unteren Oder querte an dieser Stelle mittels einer Furt den Fluss. Handel und Verkehr waren gute Voraussetzungen für die Entstehung der Siedlungen Cölln und Berlin. Später führte ihre erfolgreiche Handelstätigkeit zum Erblühen der beiden Schwesterstädte, die sich inzwischen der nordeuropäischen Hanse angeschlossen hatten.

Die älteste Berliner Spreeüberbrückung war ein Knüppeldamm mit mehreren Durchlässen. Er diente nicht nur als Überweg, sondern auch dem Betreiben von unterschiedlichen Mühlen, die dem Damm den Namen gaben. Schon vor der ersten urkundlichen Erwähnung des Mühlendamms 1298 weist eine Urkunde aus dem Jahre 1285 auf eine Mühle hin.

Bis zur Mitte des 17. Jahrhunderts standen auf dem Mühlendamm sechs Korn-, Walk- und Schneidemühlen, von allerlei einfachen Kramläden und hölzernen Buden umbaut. Diesen unschönen Anblick ließ der Große Kurfürst in seinen letzten Regierungsjahren verändern. Er beauftragte von

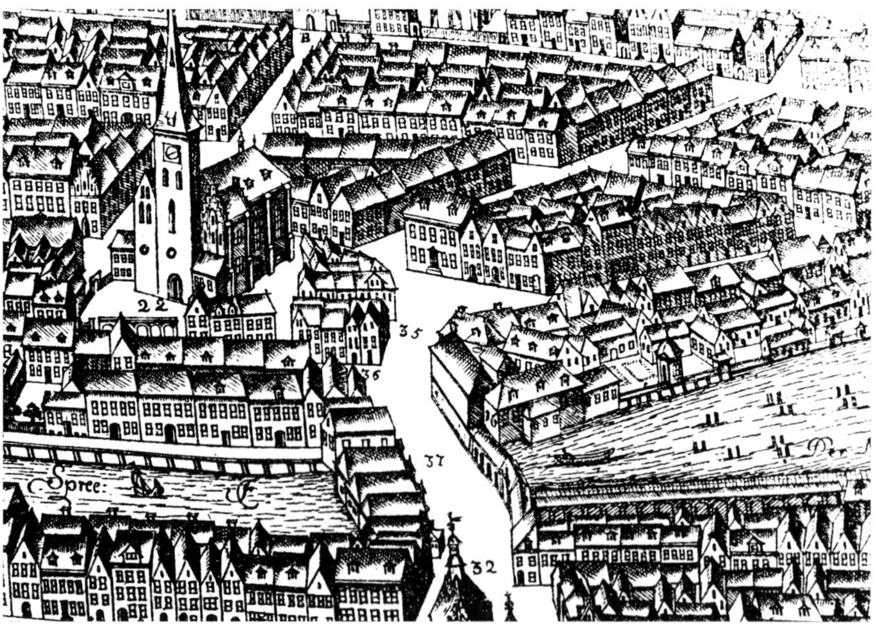

Der Mühlendamm 1688, Ausschnitt aus dem Schultz'schen Plan

Die Mühlenkolonnaden 1690 mit dem Friedrichsportal

Canitz, den Hauptmann des Amtes Mühlenhof, die Mühlen zu erneuern, und veranlasste die Budenbesitzer zur Errichtung steinerner Neubauten, den ersten festen Geschäften der Stadt. Vor diesen errichtete der kurfürstliche Baumeister J. A. Nering die Mühlen-Kolonnaden, die im Februar 1688 fertiggestellt wurden. Die Anlage, die nun einen der Residenzstadt würdigen Anblick bot, umfasste auch die Fischerbrücke, die mit einem torartigen Portal, der Friedrichsporte, an den Mühlendamm anschloss. Über diesem Portal entstand 1693 ein repräsentativer Raum für die Kaufmannsgilde, der als erster Berliner Börsensaal diente.

Anfang des 18. Jahrhunderts ließ der König die Dammdurchlässe überwölben und mit Quadern einfassen. Es entstanden sechs massive Gewölbe mit einer lichten Weite von fünf Metern.

In der Folgezeit beschädigten wiederholt Großbrände die Mühlendammanlagen und zogen beachtliche bauliche Veränderungen nach sich. Nach dem Brand von 1759 erhielten die Kolonnaden über den Bogenreihen zweigeschossige Aufbauten. L. Frhr. v. Zedlitz beschreibt im »Neuesten Conversations-Handbuch für Berlin und Potsdam« von 1834 die Anlage wie folgt: »Auf beiden Seiten läuft eine Bogenlaube, unter denen sich eine lange Reihe von Kaufmannsläden oder die Eingänge zu den Mühlen befinden. Größtenteils sind es Baumwoll- und Modewarenhandlungen ... Auch findet man eine Konditorei, eine Buchbinder- und Galanteriewarenhandlung, Kleiderläden, eine Lotteriekollekte und zahlreiche andere Etablissements ... Unter den meisten Häusern fließt die Spree und treibt die hier gelegenen Mühlen; die eine Hälfte vom Köllnischen Fischmarkt an bis an das Portal gehört zu Kölln, die andere zu Berlin.«

Ein weiteres Feuer vernichtete 1838 die Mühlengebäude, die Persius d. Ä. durch mittelalterliche Kastellbauten aus Back-

Blick auf Fischerbrücke und Mühlendamm vor dem Umbau 1889–94

Der Mühlendamm nach dem Umbau, von stromaufwärts, Federzeichnung von Theuerkauff

stein ersetzte. Aber auch diese Baulichkeiten hatten keinen langen Bestand, denn die Damm-Mühlen selbst und die oft niedrigen Wasserstände behinderten die Schifffahrt stark. Außerdem liefen damals bereits zehn Pferdebahnlinien der Großen und Neuen Pferdeeisenbahn AG über den Mühlendamm. Die sehr geringe Straßenbreite von acht Metern gestattete zwischen den Fluchten der Kolonnaden nur die Verlegung eines einzigen Gleises. Das zweite zwängte sich deshalb über den Mühlenweg, der seit 1847 als Mühlenzufahrt diente. Verbesserungen sollte ein Großvorhaben bringen, das nach langen Verhandlungen über die Kostenteilung zwischen Stadt und Staat 1889–94 verwirklicht wurde. Es umfasste neben der Vertiefung der Spree bis nach Spandau den Umbau des Mühlendamms sowie den Bau der Schiffsschleuse, der Kurfürsten- und der Friedrichsbrücke.

Der neue Mühlendamm 1895, von stromabwärts

Mühlenwegbrücke 1894

Nach der Neugestaltung bildeten sieben Brücken, die unter der Fahrbahn liegende eiserne Träger besaßen, die neue Mühlendammanlage. Nur die Brücke im Zuge des Mühlenwegs wies zwei Bogenträger mit reicher architektonischer Gliederung an den Portalen und Geländern auf. Die im Wasser stehenden Stützen der Fischerbrücke und der Brücke über das Große Gerinne bestanden aus Gusseisen. Als besonderer Schmuck dienten an der Einmündung der Fischerbrücke die Bronze-Statuen der Markgrafen Albrecht der Bär und Waldemar von Brandenburg. An die Stelle des beim Abriss erst 50 Jahre alten Mühlengebäudes trat nun ein neugotisches Sparkassengebäude aus gelben Klinkern mit Türmchen und Zinnen, das in keiner Weise an die einstigen Kolonnaden auf dem Mühlendamm erinnerte. Am 16. Juni 1894 kann das Zentralblatt der Bauverwaltung seinen Lesern stolz mitteilen: »Das große und bedeutsame Werk der Spreeregulierung in Berlin ist in der Hauptsache vollendet.«

Bald jedoch zeigte sich, dass die neuen Bauten der raschen wirtschaftlichen Entwicklung nicht entsprachen. Der Mühlendamm besaß nun eine Straßenbreite von 15 Metern – »Maße, die allen Anforderungen auch des stärksten Verkehrs genügen dürften«, wie das Zentralblatt der Bauverwaltung noch 1894 schreibt. Diese Feststellung galt aber nur kurze Zeit: 1930 for-

Ephraimsches Palais vor dem Abriss 1935

dert eine Denkschrift der Bauverwaltung eine Brücke mit bereits 37 Metern Breite.

Auch die Lage der Kammerschleuse in einem Bogen des Flusses und zu nahe am Wehr sowie die geringe lichte Höhe unter den Brücken erwiesen sich als zunehmend hinderlich und zwangen zu einem erneuten Umbau des Mühlendamms. Dabei entschied man sich für eine Zweikammerschleuse weiter stromaufwärts mit einem Vorhafen, der bis unter die zu erneuernde Mühlendammbrücke reichte. Wiederum galt es, alle Gebäude im Spreebereich abzureißen.

Die neue Brücke sollte aus zwei massiven Randfeldern sowie einem 70 Meter langen stählernen Mittelfeld bestehen. Die Errichtung der während der Bauzeit benötigten Behelfsbrücke setzte den denkmalgerechten Abtrag des Ephraimschen Palais und die geordnete Lagerung aller Einzelteile voraus.

Die neue Schleuse an der Klosterstraße wurde bis 1940 fertiggestellt. Auch der Abbruch der gesamten Brückenanlagen von 1895, der Bau der Behelfsbrücke und eines Teils der neuen Brückenunterbauten waren bereits ausgeführt, als der Zweite Weltkrieg die weiteren Arbeiten unterband. Zwei stählerne Fachwerkbrücken von je 35 Metern Länge über der alten Schleuse und der Schifffahrtsstraße sowie eine stählerne Balkenbrücke über dem Wehrkanal bildeten den behelfsmäßigen Brückenzug, der nun fast 30 Jahre lang dem Verkehr dienen musste. Wie die meisten Spreebrücken wurde auch die Behelfsbrücke am Mühlendamm von den deutschen Truppen 1945 gesprengt. Sie wurde anschließend gehoben und repariert.

Erst Ende der 1950er Jahre begann die Planung für den neuen Bau der Mühlen-

1940 errichtete Behelfsbrücke

Die neue Schleuse stromaufwärts der Brücke

Mühlendammbrücke heute

dammbrücke. Zwangspunkte bildeten dabei das Palais Schwerin, die den Wasserstand regulierende Wehranlage und die ebenfalls bereits 1938–40 hergestellten Brückengründungen. Damit war die Gesamtlänge der drei Brückenfelder mit 114 Metern bestimmt. Die neue Brückenbreite von 45 Metern übertraf die 1938 geplante noch mal erheblich. Man entschied sich für eine Spannbetonbrücke mit zwei nebeneinander liegenden Brückenüberbauten gleicher Breite.

Die Bauarbeiten begannen 1964 mit dem Abbruch der alten Schleusenanlagen von 1894, deren einstige Lage am rechten Ufer des Nikolaiviertels heute noch erkennbar ist. Am letzten Tag des Jahres 1968 rollte der Verkehr endlich über die neue Brücke. Wiederum war ein völlig verändertes Stadtbild entstanden.

Der Abbruch der Behelfsbrücke schloss das vorerst letzte Kapitel der wechselhaften Baugeschichte am ältesten Berliner Spreeübergang ab und schuf die Voraussetzung für die Wiedererrichtung des Ephraimschen Palais aus den lange eingelagerten Teilen an nahezu alter Stelle, Ecke Poststraße.

Die Herkulesbrücken

Wenn man die Brücke besichtigt, die im Zuge der Klingelhöferstraße und der Schillstraße nahe dem Tiergarten über den Landwehrkanal führt, mag man erstaunt sein über ihren sagenhaften Namen.

Die Suche nach einer Erklärung führt zum Köllnischen Park hinter dem Märkischen Museum, in dem eine Großskulptur steht, die Herkules im Kampf mit dem Nemeischen Löwen darstellt. Sie gehörte zum bildnerischen Schmuck einer Brücke, die einst über den ehemaligen Königsgraben führte, nahe dessen Mündung in die Spree.

Der Königsgraben zweigte stromaufwärts der Blocks- und späteren Waisenbrücke von der Spree ab und mündete stromabwärts der Pomeranzen- und späteren Friedrichsbrücke wieder in den Fluss. Er war Teil der 1683 fertiggestellten Festungsanlage, die bereits Anfang des 18. Jahrhunderts ihre Bedeutung verloren hatte und ab 1735 zurückgebaut wurde.

Im Jahre 1749 verlängerte man die Burgstraße bis in die außerhalb der Stadtbefestigung entstandenen Vorstadtgebiete und zum Schloss Monbijou mittels einer hölzernen Brücke über den Königsgraben, der Neuen Friedrichsbrücke.

Friedrich der Große ließ zur Verschönerung der Residenzstadt außer den Kolonnadenbrücken auch einige sogenannte Schmuckbrücken errichten. Zu ihnen gehörte die massive Gewölbebrücke, die ab 1787/88 die hölzerne Neue Friedrichsbrücke ersetzte und nun Simson- oder Herkulesbrücke genannt wurde. Das von C. G.

Herkulesbrücke über den Königsgraben um 1846, Gemälde von E. Gaertner

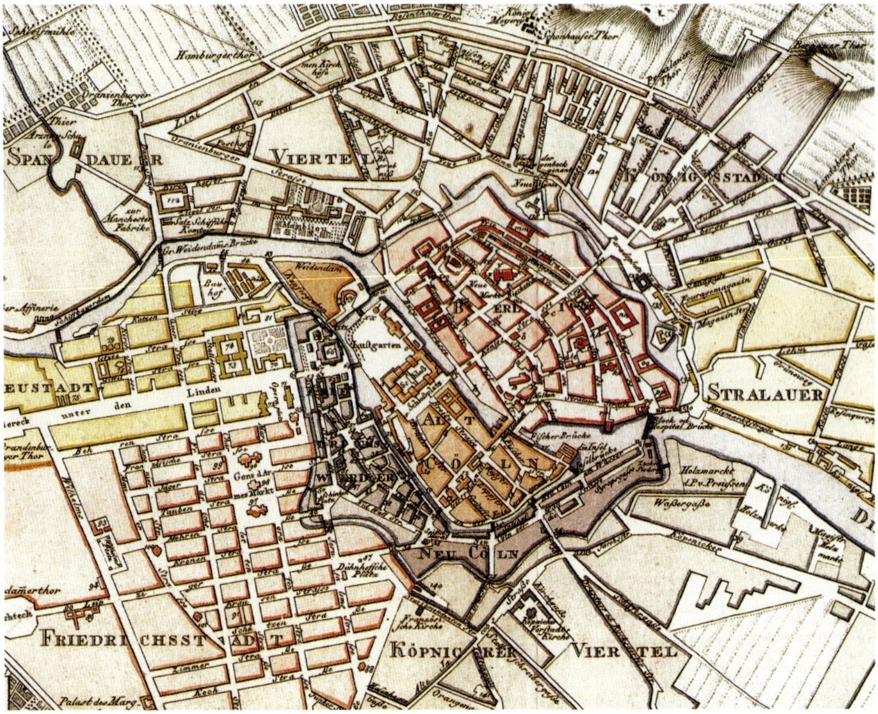

Lageskizze nach einem Plan von Sotzmann aus dem Jahre 1794

Langhans entworfene 26 Meter lange und 12 Meter breite Bauwerk erhielt durch J. G. Schadow eine reiche Ausschmückung. Über den mit Reliefen versehenen kräftigen Mittelpfeilern stand je eine Kolossalgruppe, die ein Thema der griechischen Sagenwelt darstellte. »Herkules im Kampf mit dem Nemeischen Löwen«, von C. Boy ausgeführt, und »Herkules im Kampf mit einem Kentauren«, von J. G. Schadow selbst gefertigt, bildeten die Mittelgruppen. Auf den Postamenten der Widerlager standen vier Sphingen mit kleinen Putten auf den Rücken, die Laternen als Fackeln tru-

Herkulesbrücke über den Königsgraben vor dem Abbruch 1890

gen. Der Schmuck wurde bis 1791 vollständig angebracht. Zwei 1792 aus Sandstein gefertigte Kopien der Sphingen stehen bis heute am Eingang zum Schlosspark Steinhöfel im Landkreis Oder-Spree.

Als ab 1882 vom heutigen Ostbahnhof bis nach Charlottenburg die Stadtbahn gebaut wurde, bot sich der Königgraben als unbebauter Trassenabschnitt an. Zu diesem Zweck galt es, den Graben aufzufüllen und die überführenden Brücken abzubrechen. So wurde auch die Herkulesbrücke 1890 nach etwas mehr als 100-jähriger Nutzung abgerissen.

Der bildnerische Schmuck fand auf der neuen repräsentativen Brücke über den Landwehrkanal am Lützowplatz wieder einen würdigen Standort. Hier hatte man die seit 1850 bestehende hölzerne Klappbrücke 1889/90 durch eine massive Gewölbebrücke mit etwa 30 Metern Länge ersetzt. Das früher Moritzhof- und Albrechtshofbrücke genannte Bauwerk erhielt nach der Aufstellung der Figurengruppen im Jahre 1891 den Namen Herkulesbrücke.

Vor der Wiederaufstellung hatte man die sehr schadhaften Bildwerke ausgebessert und mit einem Anstrich versehen. Trotzdem verschlechterte sich der Zustand der Kunstwerke so, dass sie 1934 deponiert und 1935 durch von dem Bildhauer A. Kranz geschaffene Kopien ersetzt werden mussten. Den Zweiten Weltkrieg überstand, wenn auch leicht beschädigt, nur die Gruppe »Herkules im Kampf mit dem Nemeischen Löwen«. Sie ist heute noch hinter dem Märkischen Museum zu besichtigen.

Die zerstörte Brücke über den Landwehrkanal ersetzte man 1950 durch einen schmucklosen Stahlbetonbau mit etwas mehr als 30 Metern Länge, der 1962–64 auf der Westseite einen schlichten Nachbarüberbau aus Spannbeton erhielt. Von der einstigen Schmuckbrücke ist somit nur der Name erhalten geblieben.

Herkulesbrücke über den Landwehrkanal von 1889/90

Heutige Herkulesbrücke über den Landwehrkanal

Herkulesgruppe im Köllnischen Park

Die Ober- und Unterbaumbrücken

Waisenbrücke mit Waisenhaus 1783, kolorierter Stich von J. G. Rosenberg

Waisenbrücke nach dem Neubau 1892–94

In Berlin gibt es heute eine Oberbaumbrücke und eine Unterbaumstraße. Die Erklärung für diese Namensgebung liegt in den Anfängen der Stadtgeschichte.

Die aus der zweiten Hälfte des 13. Jahrhunderts stammende Stadtbefestigung bestand dort, wo die drei bis fünf Meter hohe Mauer aus Feldsteinen auf die Spree stieß, aus einem Pfahlwerk aus eingerammten bewehrten Eichenpfählen. In der Fahrrinne des Flusses gab es einen schmalen Schiffsdurchlass, der nachts mit einem sogenannten Schwimmbaum, einem angeketteten schwimmenden Balken, geschlossen wurde. Die fachgerechte Handhabung der Schwimmbäume erfolgte durch den

Baumschließer. An der Stelle, an der die Spree in die Stadt hineinfloss, nannte man die Schiffssperre Oberbaum und dort, wo der Fluss die Stadt wieder verließ, Unterbaum. Nahe den Schwimmbäumen entstanden später Brücken, die in einigen Fällen die Namen Ober- bzw. Unterbaumbrücke erhielten.

Der erste Oberbaum lag in der Nähe des Märkischen Museums, der erste Unterbaum an der heutigen Friedrichsbrücke. Neben diesem ersten Oberbaum baute man zu Beginn des 18. Jahrhunderts die Blocksbrücke, deren Name sich vom in der Nähe gelegenen Blockhaus ableitete, das zur Befestigungsanlage gehörte. Die mehrfeldrige Holzbrücke hatte eine Klappe für den Schiffsdurchlass. Nach dem Bau eines Waisenhauses hieß sie ab 1702 Waisenbrücke. 1892–94 wurde die alte Holzkonstruktion dann durch eine massive dreifeldrige Bogenbrücke ersetzt. Im Zweiten Weltkrieg schwer beschädigt, diente die Brücke nach 1945 als Schuttkippe beim Verladen von Trümmerschutt aus Feldbahnwagen in Lastkähne. 1953 wurde sie auf Forderung der Schifffahrt zwecks Verbesserung der Manövrierfähigkeit vor der Schleuse abgebrochen. Auf der rechten Uferseite ist am erhaltenen Widerlager erkennbar, wo die Brücke einst stand.

In der Nähe des Unterbaums entstand mit der Großen Pomeranzenbrücke im Jahre 1703 eine weitere Spreeüberbrückung. Mehrfach umgebaut, erhielt sie den Namen Friedrichsbrücke und wurde in den Jahren 1892/93 als massive Gewölbebrücke mit reichem Schmuck erneuert. Am Ende des Zweiten Weltkriegs gesprengt und danach als hölzerne Behelfskonstruktion wieder genutzt, erlangte sie 1982 ihre heutige Gestalt als Fußgängerbrücke.

Die Ausdehnung der Stadt hatte eine Verschiebung der Stadtmauer zur Folge.

Die Große Pomeranzen- und spätere Friedrichsbrücke um 1820, kolorierter Stich von F. A. Calau

Friedrichsbrücke nach 1893

Oberbaumbrücke von 1724

Plan von Berlin mit Akzisemauer. Kolorierter Kupferstich von C. L. von Oesfeld, 1789

Grundriss
der Königl. Residenzstädte
BERLIN
Im Jahr 1789 von neuen angefertiget
durch
Carl Ludwig von Oesfeld
Bernauerthor
Prenzlauer thor
Landsberger thor
Stralauer Viertel
Franckfurtherthor
Schlößchen
Holzmarkt
die Spree
Ober Baum
Mühlen thor
Schlesischesthor
Cottbusserthor
Viertel
Maasstab von 500 Rheinländl. Ruthen oder eine Viertel Meile

Mit der Aufgabe der mittelalterlichen Festungsanlagen wurde auch eine Akzisemauer errichtet, die ab 1732 an der Stelle der heutigen Oberbaumbrücke eine hölzerne Jochbrücke über die Spree mit einschloss. Hierhin wurde auch der Oberbaum verlegt.

Die damals mit 154 Metern längste Brücke Berlins erneuerte man 1894/95 in Form eines märkischen Stadttores. Sie war gewölbt und bestand aus Klinkern mit reichem Schmuck aus Formsteinen, Glasmosaiken, Kupfertreib- und Kunstschmiedearbeiten. Das gestalterische Ziel wird in

Der stählerne Bogen im Mittelfeld der 1992–95 instandgesetzten Oberbaumbrücke

Kronprinzenbrücke 1879

»Die Straßenbrücken der Stadt Berlin« von 1902 wie folgt beschrieben: »Bei der Ausbildung der Architektur ist der Gedanke maßgebend gewesen, dass die Brücke sich an der Stelle des alten Wassertores der Stadt Berlin befindet und auch jetzt noch den Eingang zur inneren Stadt bildet für den, der zu Schiff von der Oberspree nach Berlin heimkehrt. Stadttorartig ist die Brücke dadurch ausgebildet, dass neben der Mittelöffnung je ein 8 m starker Pfeiler angeordnet worden ist, auf dem sich oberstrom mächtige Warttürme im Charakter altmärkischer Stadttürme in Ziegeln auf

Granitunterbauten erheben, wie denn überhaupt die gesamte Architektur den märkischen Backstein zeigt.« Nach der Zerstörung im Krieg wurde die Brücke 1992–95 leicht verändert, aber in alter Schönheit wiederaufgebaut.

Der Unterbaum veränderte im Rahmen der Stadterweiterung ebenfalls seine Lage und »wanderte« weiter stromabwärts bis zur heutigen Kronprinzenbrücke im Zuge der Unterbaumstraße. Die hier bereits seit 1709 vorhandene Brücke im Thiergarten erhielt nun den Namen Unterbaumbrücke. Bei ihrer Erneuerung 1877–79 wurde sie mit stählernen Bogenträgern über drei Felder versehen und danach in Kronprinzenbrücke umbenannt. Im Zweiten Weltkrieg schwer beschädigt, fristete sie im Grenzgebiet zwischen Ost und West ein unbedeutendes Dasein, bevor sie nach der Wiedervereinigung im Rahmen des Baus des Regierungsviertels neu entstand. Nach dem Entwurf von S. Calatrava wurde diese Brücke als ungewöhnliche Konstruktion aus Stahl und Stahlguss errichtet. Als technisches Unikat gehört sie zu dem Brückenensemble im Spreebogen, in dem historische Bauwerke mit bildnerischem Schmuck einen reizvollen Kontrast zu modernen Konstruktionen bilden.

Friedrichsbrücke nach der Erneuerung 1987

Kronprinzenbrücke nach dem Neubau 1993–96

Das Rathaus in der Spree

Für jemanden, der am Spreeufer im Nicolaiviertel steht und auf die desolate Rathausbrücke und die Halbruine des ehemaligen Palastes der Republik im Hintergrund blickt, mag es schwer vorstellbar sein, dass hier vor dem Schloss einst eine der schönsten Brücken Europas stand. C. Ch. Schramm beschreibt sie in »Historischer Schauplatz …« von 1735 mit den Worten: »An sich selber ist dieser Brückenbau ein recht Majestätisches Werk, so mit der Triumph-Brücke in Rom nicht unbillig zu vergleichen, da dieselbe ebenso viel als jene, nehmlich fünf Schwibbogen zehlet: Von aussen ist alles mit den schönsten Pirnischen Quadersteinen überzogen, unten aber an denen Füssen derer Bogen präsentiren sich zwölf Figuren derer vornehmlichsten Römische Götter, und des allgemeinen Wassergötzens Neptuni, so die Märkischen Wasser-Ströhme vorstellen.«

Die nach dem Mühlendamm zweitälteste Spreeüberbrückung Berlins liegt im Zuge der ehemaligen Georgenstraße, die später in Königs- und schließlich in Rathausstraße umbenannt wurde. In einer Urkunde von 1356 wird der Übergang im Hinblick auf den Mühlendamm Neue Brücke genannt, bald aber erhielt er den Namen Lange Brücke. Diese Bezeichnung trug sie wohl zu Recht, denn die Spree reichte mit ihrem sumpfigen Vorland in früheren Zeiten von der Poststraße bis in die Nähe der Breiten Straße.

Zu Beginn des 14. Jahrhunderts, als sich die Schwesterstädte Cölln und Berlin eine gemeinsame Stadtverwaltung gaben, einigte man sich, das erste Rathaus auf einer Brücke, gewissermaßen auf der gemeinsamen Grenze in der Spree zu errichten. Über die genaue Lage dieses Rathauses gibt es keine Angaben. Überlieferte Urkunden und Verträge sprechen von dem »Rathuess tusschen den beyden Steden up der Sprew«

Lange Brücke um 1690, Aquarell von J. Stridbeck d. J.

Gedenkmünze anlässlich der Grundsteinlegung 1692, von R. Faltz

und dem »Rathuse bi der nyen Brugghen tzwischen beyden Steden«. Man darf sich demnach das Rathaus also in der Spree selbst auf einem von der Langen Brücke zugänglichen Pfahlwerk vorstellen. Das Rathaus musste 1514 wegen Baufälligkeit abgerissen werden.

Trotz mehrerer Reparaturen war die Holzbrücke 1660 so baufällig, dass Kurfürst Friedrich Wilhelm einen Neubau, wiederum aus Holz, befahl. Ein Aquarell von J. Stridbeck d. J. von 1690 vermittelt einen Eindruck von dieser einfachen Holzbrücke mit dreizehn Jochen.

Um der Brücke ein der bedeutenden Lage entsprechendes, würdiges Aussehen zu verleihen, veranlasste Kurfürst Friedrich III. jedoch schon bald darauf einen Neubau in Gestalt der ersten steinernen Brücke Berlins. Nach dem Entwurf von J. A. Nering, seit 1691 Oberbaudirektor des Kurfürsten, entstand unter brückentechnischer Leitung des Ingenieurs L. Cayart eine Gewölbebrücke mit fünf Feldern, die den benachbarten Prachtbauten, dem Zeughaus und dem Schloss, um nichts nachstand. Der Kurfürst legte im Frühjahr 1692 im ersten Pfeiler auf der Berliner Seite den Grundstein. Ein urkundliches Abbild des Brückenentwurfs zeigt die anlässlich der Grundsteinlegung geprägte und vom bekannten Medailleur R. Faltz gestochene Gedenkmünze. Sie beweist, dass die Aufstellung eines Reiterdenkmals des Großen Kurfürsten nahe der Brücke von vornherein geplant war. Damit suchte Preußen den künstlerischen Anschluss an Frankreich, wo bereits Reiterstandbilder von Herrschern prangten, so auf dem Pont Neuf in Paris.

Die Brücke war bis zum 5. November 1694 so weit hergestellt, dass man sie zum Einzug der Tochter des Königs Johann III. von Polen, der Braut des Kurfürsten Max-

Lange Brücke von 1695

Reiterstandbild auf der Rathausbrücke im Jahre 1842

Emanuel von Bayern, befahren konnte. Die Bauarbeiten am bildnerischen Schmuck und am steinernen Geländer wurden 1695 abgeschlossen. Das Denkmal des Kurfürsten wurde hingegen erst am 12. Juli 1703 feierlich enthüllt. Ein etwa acht Meter langer Anbau flussaufwärts der fünf Brückenbögen diente der Aufstellung des Reiterdenkmals. A. Schlüter, 1694 nach Berlin berufen, fertigte das Modell der Statue. 1700 wurde sie von J. Jacobi aus Bronze gegossen. Die Herstellung der Bronzeplastik in einem Stück im Gießhaus hinter dem Zeughaus war seinerzeit eine technische Sensation. Das Reiterstandbild, das zu den größten künstlerischen Leistungen A. Schlüters gehört, kann nach S.H. Spiker »mit Recht als eine der Hauptzierden der prachtvollen Königsstadt gesehen werden«. Auch der Berlin-Tourist Heinrich Heine schreibt: »Lasst uns hier einen Augenblick stehen bleiben und die große Statue des Großen Kurfürsten betrachten. Er sitzt stolz zu Pferde, und gefesselte Sklaven umgeben das Fußgestell. Es ist ein herrlicher Metallguss (ein Werk des Erzgießers Johann Jacobi, der auch die große Kanone ‚Àsia' im Zeughaus anfertigte) und unstreitig das größte Kunstwerk Berlins. Und es ist ganz umsonst zu sehen, weil es mitten auf der Brücke steht.« Das Reiterstandbild stellte das erste öffentliche Denkmal der Stadt dar.

Die Arbeiten am Denkmalsockel wurden 1710 abgeschlossen. Die in Stein gehauenen Zierschilder über den Pfeilern und die liegenden Götterfiguren auf den vorspringenden Pfeilerköpfen bildeten den weiteren bildnerischen Schmuck der Brücke. Die Zierschilder auf der Nordseite enthielten je einen vergoldeten Buchstaben bzw. eine Zahl des lateinischen Namens des Kurfürsten Friedrich III. (F. III. E. B.). Aufgrund von Bauschäden wurde die Brücke 1817–19 unter der Leitung Schinkels repariert. Man besserte das Quadermauerwerk aus, verbreiterte die Gehbahnen und ersetzte die massiven Geländer durch gusseiserne. Die nun schmalere Fahrbahn genügte jedoch bald dem zunehmenden Verkehr nicht mehr. Wiederholt prüfte man Pläne für die Brückenerweiterung, bevor 1867 die Minimallösung, das Hinausschieben der Gehbahnplatten über den Brückensims, zur Ausführung kam.

Die weitere Geschichte der Brücke wurde durch ein städtisches Großbauvorhaben bestimmt: die Schiffbarmachung des Hauptarms der Spree. Mit dem Abbruch der Mühlendammanlagen begann im Spätherbst 1889 die Verwirklichung des gewaltigen Projekts, das zur Sicherung der Schifffahrt auch die Vertiefung der Unterspree beinhaltete. Die Vergrößerung der Schifffahrtsöffnungen an den Brücken und die Verbreiterung der Königstraße waren weitere Gründe für den Neubau der Rathausbrücke. Das zuständige Ministerium empfahl eine Straßenverbreiterung nach Süden bei gleichzeitigem Abriss der Häuser, die zwischen der Breiten Straße und der Spree dem Marstall vorgelagert waren. Durch diese bauliche Veränderung und die Erneuerung der dem Schlossplatz zugewandten Stirnseite des Marstalls sollte der Schlossplatz wirkungsvoller gestaltet werden. Der Entwurf der neuen Brücke sah die Übernahme der gestalterischen Elemente der alten Brücke vor. Das betraf, abgesehen vom Reiterstandbild des Kurfürsten, u. a. die Gewölbeform, die Wahl von Kudowa-Sandstein für die Außenflächen und die Wiederverwendung von vier steinernen Zierschildern über den Pfeilern. Unter Berücksichtigung des nun unter ihr hindurchführenden Schiffsverkehrs erhielt die neue Brücke anstelle der ehemals fünf nur noch drei Bogenöffnungen. Die elliptisch geformten Seitenöffnungen hatten lichte Weiten von 15 Metern, das halbkreisförmige Mittelgewölbe mit dem Denkmalunterbau in der Verlängerung eine lichte Weite von 8 Metern.

Vor Beginn des Brückenabbruchs verschob man mit Hilfe eines auf acht Rädern laufenden Wagens das Reiterstandbild auf einen dem Denkmalpodest flussaufwärts vorgelagerten Pfahlbau. In gleicher Weise erfolgte auch das Rückrollen nach dem Neubau der Brücke.

Während die Arbeiten an der Brücke 1895 nahezu abgeschlossen waren, wurde das Denkmal erst am 9. Mai 1896 am ehemaligen Standort, jedoch um einen Meter erhöht, feierlich enthüllt. Bei dieser Gelegenheit erhielt die Brücke offiziell den Namen Kurfürstenbrücke, den ihr der Volksmund schon vor mehreren Generationen gegeben hatte. Mit dem Neubau der Kurfürstenbrücke sowie der Umgestaltung des Schlossplatzes und der Königsstraße waren die umfangreichen Veränderungen der Innenstadt abgeschlossen, die mit dem Bau der Stadtbahn in Hochlage begonnen und auch den städtebaulichen Durchbruch der ehemaligen Kaiser-Wilhelm-Straße und heutigen Karl-Liebknecht-Straße, den Umbau des Mühlendamms und die Verbreiterung der Gertraudenstraße eingeschlossen hatten.

Abgesehen von Reparaturen unverändert, diente die Kurfürstenbrücke nahezu 50 Jahre dem immer stärker werdenden Verkehr. Im Zweiten Weltkrieg wurde das Reiterstandbild abgebaut und ausgelagert, doch beim Rücktransport aus dem Zwi-

Reiterstandbild im Bode-Museum

Kurfürstenbrücke 1896 mit Reiterstandbild von hinten

Kurfürstenbrücke am Ende des Zweiten Weltkriegs

schenlager versank die Statue im Tegeler See. Nach ihrer Bergung erhielt sie 1952 einen neuen Standort vor dem Schloss Charlottenburg. Heute ist im Bodemuseum, das 2006 nach einer Renovierung wiedereröffnet wurde, ein Abguss des Kunstwerks zu besichtigen.

Die Brücke erlitt schwere Schäden bei den Straßenkämpfen 1945. Danach überdeckte man die beiden gesprengten Brückengewölbe mit Behelfsbrücken. Ab 1949 diente eine Konstruktion aus Trümmerstahl der Wiederaufnahme des Schiffsverkehrs.

In diesem Zustand verblieb die Rathausbrücke, wie sie seit 1951 wieder hieß, bis der Bau des Palastes der Republik im Jahre 1974 neuerlichen Anlass zum Umbau gab. Die Reste des Denkmalvorbaus, der westliche Pfeiler sowie der westliche und der mittlere Brückenüberbau wurden abgebrochen, und das nun vergrößerte westliche Feld wurde mit einer verlängerten Stahlkonstruktion überspannt.

Rathausbrücke 2003

Erst nach der Deutschen Einheit und der Klärung der zukünftigen Schiffsführung begann die Neubauplanung für die Brücke. Ein Gestaltungswettbewerb endete im Jahre 1999 mit der Auswahl eines Entwurfes aus 76 Bewerbungen. Dieser berücksichtigt die Tradition der Berliner Spreebrücken, stellt ein Bindeglied zwischen Nikolaiviertel und Schlossplatz her und entspricht den Anforderungen der Schifffahrt und des Straßenverkehrs. Danach soll die neue Brücke ein großes Mittelfeld und zwei kleinere Randfelder zur Aufnahme schmaler Uferwege erhalten. Erst mit der Verwirklichung dieser Pläne findet die endgültige Gestaltung des Stadtraums im Bereich der Rathausbrücke ihren Abschluss.

Schaubild der geplanten Rathausbrücke

Die Berliner Klappbrücken

Die Jungfernbrücke, Aquarell von J. Stridbeck d. J., 1690

Die sagenumwobene, von Malern oft als Motiv gewählte Brücke über den Spreekanal, die die Friedrichsgracht mit der Oberwall- und der Unterwallstraße verbindet, entstand um die Wende vom 17. zum 18. Jahrhundert, vermutlich nach Plänen von M. Grünberg. Die Jungfernbrücke ist die älteste in ihrer ursprünglichen Gestalt erhalten gebliebene Berliner Brücke. Beim Umbau 1798 wurde die Form einer sinusförmigen Klapp-Zug-Brücke mit Handrädern und Gegengewichten gewählt und die Brücke nach holländischem Vorbild mit Gewölben aus rotem Mainsandstein in den Randfeldern versehen. Nur diese Brücke erinnert heute noch an die Zeit, in der mehrere Klapp- und Zugbrücken über die Spree und den Spreekanal führten. Inzwischen hat man allerdings einige Änderungen vorgenommen – so wurden Treppenanlagen eingebaut und die einst für Leitungen benötigen Holzkästen entfernt. Auch führten Schäden wiederholt zu Brückenerneuerungen, das letzte Mal 1997–99.

Spreekanal mit der Jungfernbrücke um 1900

Die Brücke hieß zuerst Spreegassenbrücke, dann Große Jungfernbrücke und schließlich Jungfernbrücke. J. Leupold beschreibt die Bauweise der Jungfernbrücke in seinem 1726 erschienenen Fachbuch über den Brückenbau »Theatrum Pontificiale ...« im Abschnitt »Eine Aufzieh-Brücke mit zwey Flügeln, nach Berlinischer Arth« wie folgt: »In der Königl. Preußischen Residenz Berlin hat man auch eine sehr gute und sichere Invention gemacht, da nemlich der eine Flügel niedergelassen, der andere aber aufgezogen ist; unter jeden Flügel ist unten ein starkes Rahmstück mit zwey oder drey Stützen vermittelst zweyer starker eisernen Charniere angehanden, und durch eine Kette also disponirewt, daß solche Stützen allemahl auf einen starken Balken zu stehen kommen, und weil auch solche oben gleichfalls sich gegen den Unterzug stämmen, ist es unmöglich daß ein Schade geschehen kan. Wird die Brücke aufgezogen, setzt sich die Stütze selbst an die Seite, daß die Durchfahrt nicht gehindert werde. Weil diese Brücken etwas schwer sind, werden solche durch Haspel auf beyden Seiten vermittelst der Ketten aufgezogen, die aber allgemahl doppelt, und davon das eine Theil an einem schwehren bleyernen Gewicht befestigt ist, so in der hohlen Säule herunter gehet, die andere aber über die Scheibe nach dem Haspel sich wendet.«

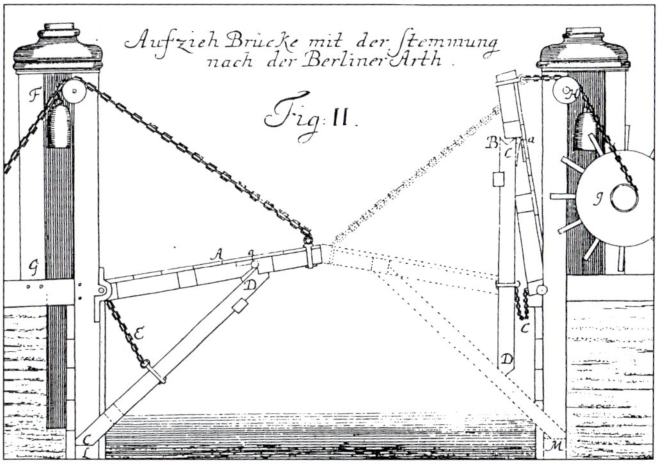

Skizze der Berliner Klappbrücke von J. Leupold

Auch die Torbrücken über die in den Jahren 1658–83 angelegten Festungsgräben waren aus Gründen der Verteidigung Zugbrücken, wie es J. Stridbecks Aquarell

Leipziger Tor-Brücke 1690, J. Stridbeck d. J.

Medaillon im Geländer der Schleusenbrücke mit der Situation von 1688

vom Leipziger Tor aus dem Jahre 1690 zeigt. Diese Brücken wurden jedoch bereits beim 1734 beginnenden Rückbau der Festungsanlagen abgerissen.

Seit dem Bau des Mühlendammes im 13. Jahrhundert stellte dieser eine Sperre für die Schifffahrt dar, die deshalb bis zum 19. Jahrhundert über den Spreekanal verlief. Unweit der heutigen Schleusenbrücke baute man deshalb eine Schleuse sowie Lager- und Hafenanlagen. Die Medaillons im Geländer der Schleusenbrücke zeigen Episoden aus der wirtschaftlich bedeutenden Zeit dieses Stadtgebietes. Die benachbarte Hundebrücke war zunächst ebenfalls eine Zugbrücke, bevor man sie 1738 zu einer Klappbrücke umbaute.

Damit die Schiffe, die im Allgemeinen mit Segeln ausgerüstet waren, ungehindert passieren konnten, mussten die Brücken aufgezogen werden. Dabei entschieden die sogenannten Brückenaufzieher mit ihrer verantwortungsvollen Tätigkeit, in welchem Maße der kreuzende Straßenverkehr behindert wurde. Von der Oberbaum- bis zur Unterbaumbrücke gab es zu Beginn des 19. Jahrhunderts 15 Brücken über Spree und Spreekanal, die diesem Regime unterlagen. Abgesehen von der Jungfernbrücke handelte es sich dabei um einfache hölzerne Jochbrücken, die mit Klappen versehen waren. Bewegt wurden diese entweder mittels Stand- und Hebebaum oder mit Hilfe von Gegengewichten. Drehbrücken fanden etwas später nur im Zuge der Bahnhofsverbindungsbahn Anwendung.

Die Notwendigkeit von Klappen an den Brücken über den Spreekanal bestand bis zum Umbau des Mühlendammes 1893–95. Deshalb erhielt auch die 1824 neuerbaute Schlossbrücke im Mittelfeld zunächst Klap-

Rossstraßenbrücke von 1866

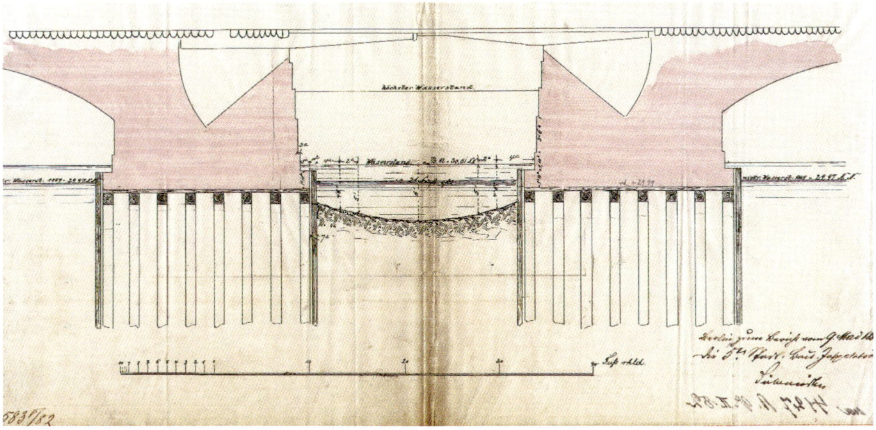

Skizze der Klappen im Mittelfeld der Schlossbrücke

pen. Neben dem gusseisernen Geländer, das wie ein Tor aufgeschwenkt werden konnte, bildete die Anordnung von acht Einzelklappen bei der 32 Meter breiten Brücke eine technische Spezialität, von der Schinkel berichtet: »Der Aufzug der Klappen geschieht ohne Maschinerie auf die gewöhnliche Art durch Gegengewichte, wie sie bei den meisten hiesigen Brücken bisher angewendet wurden. Das geringe Übergewicht, welches genau durch Eisenstücke bei der Ausführung erprobt werden kann, zieht die Brücke auf und kann mittels einer Kette leicht wieder zum Zuschließen der Brücke in die Höhe gebracht werden.« Mit dem Einbau des Mittelgewölbes 1912 entfielen endlich die den Straßenverkehr stark behindernden, oft defekten Klappen.

Klappeinrichtungen wiesen ebenfalls 17 der insgesamt 18 Brücken über den 1845–50 ausgebauten Landwehrkanal auf. In jüngster Zeit gebaute Klappbrücken kann man in Tegel (Klappbrücke an der Humboldtmühle) und in Köpenick (Klappbrücke über den Amtsgraben) besichtigen.

Seite 30/31: Die Jungfernbrücke heute

Schlossbrücke mit Klappen im Mittelfeld, Lithographie von X. Sandmann um 1860

Gusseiserne Brücken

Die Brücke über den Severn in Coalbrookdale von 1779

Als es um 1735 im englischen Coalbrookdale gelang, Roheisen mittels verkokter Steinkohle zu erschmelzen, waren die Voraussetzungen für die Herstellung des Gusseisens als neuem Brückenbaustoff neben Holz und Stein geschaffen.

Es dauerte jedoch noch bis zum Jahre 1779, bevor T. Pritchart in Coalbrookdale die erste gusseiserne Brücke mit einer Stützweite von etwa 30 Metern über den Severn baute. Ihre konstruktiven Details, z. B. die Zapfen- und Keilverbindungen, waren dabei noch dem Holzbau entlehnt.

Verkleinerte Nachbildung der Severnbrücke im Wörlitzer Park

Der neue Brückenbaustoff kam zunächst in England, schon bald aber auch in anderen Ländern zur Anwendung. Von den verkleinerten Nachbildungen der Severnbrücke in den Parkanlagen von Zarskoje Selo bei St. Petersburg (1783) und in Wörlitz bei Dessau (1791) einmal abgesehen, kam es in den Jahren 1793–96 zum Bau der ersten gusseisernen Straßenbrücke auf dem europäischen Festland. Diese führte in der Nähe des schlesischen Dorfes Laasan (12 km von Striegau) über das Striegauer Wasser. Die auf Veranlassung von Friedrich II. in Malapane gegründete Eisengießerei stellte mittels Holzkohle aus dem örtlichen Raseneisenerz Roheisen her. Hier bestellte N. A. W. von Burghaus 1793 eine Brücke, für die der Schotte J. Baildon den Entwurf und die Ausführungstechnologie erarbeitete. Die fünf Bogenträger mit etwa 15 Metern Spannweite und die Fahrbahnplatten mit einer Gesamtmasse von 46 Tonnen wurden 1794/95 gegossen und im Folgejahr montiert. Die Brücke diente dem Verkehr bis zur Sprengung im Jahre 1945.

Die erste gusseiserne Brücke Frankreichs und eine der schönsten dieser Bauweise entstand 1803 mit dem Pont Art über die Seine in Paris. Gebaut nach dem Entwurf von L. A. de Cessart, besitzt sie neun Öffnungen mit je etwa 17 Metern Stützweite.

In Berlin erhielt 1797 die Brücke, die im Zuge der Bodestraße über den Kupfergraben führt, als erste eine gusseiserne Konstruktion aus dem Werk in Malapane. Sie hieß nun Eiserne Brücke und behielt diesen Namen auch noch, als sie schon längst durch einen Neubau aus Stein ersetzt worden war. Das gusseiserne Bauwerk besaß neun nebeneinander liegende, bogenförmige, etwa zwölf Meter lange Träger. Kunsthandwerklich ausgestaltete Leuchten in der Brückenmitte und ein schmiedeeisernes Geländer schmückten die Brücke. Bauschäden führten bereits 1825 zum Abbruch der gusseisernen Konstruktion. Heute besteht die Eiserne Brücke aus stählernen Fachwerkträgern hinter einer Verkleidung aus Naturstein.

Eiserne Brücke über den Kupfergraben von 1797

Ebenfalls aus Malapane stammt die dritte deutsche gusseiserne Brücke, die 1800 fertiggestellte Feldwegbrücke im Charlottenburger Park mit etwa sechs Metern Stützwei-

Hohe Brücke von 1802 im Schlosspark Charlottenburg

Die Turmbrücke auf der Pfaueninsel von 1806

te. Im gleichen Park kam 1802 eine weitere Brücke in dieser Bauweise zur Ausführung, die zwölf Meter lange Hohe Brücke. Erstmals dienten bei ihr nicht wie bisher Ringe, sondern gerade Streben der Versteifung der Bogenträger. Eine weitere gusseiserne Brücke verbindet seit 1806 die beiden Türme des Ruinenschlösschens auf der Pfaueninsel. Diese drei Bauwerke sind die einzigen erhalten gebliebenen gusseisernen Brücken in Berlin, da die sehr geringe Biegefestigkeit bei dynamischer Belastung, etwa bei der Überfahrt mit Wagen, eine längere Nutzung dieses Baustoffes im Brückenbau verhinderte.

Friedrichsbrücke von 1823

Das traf auch auf die Friedrichsbrücke im Zuge der Bodestraße zu. Hier hatte man 1823 die alten Gewölbe und die Aufzugsklappen abgebrochen und in den sieben Feldern gusseiserne Fachwerkbögen eingebaut. Als an diesen jedoch Risse auftraten, war die Baubehörde bestrebt, dynamische Belastungen zu vermeiden. So versuchte man z. B. zu verhindern, dass Truppenteile im Gleichschritt über gusseiserne Brücken marschierten. Mit dieser Initiative stieß man jedoch nicht immer auf das notwendige Verständnis. So teilt der Polizeipräsident am 3. Februar 1890 der Städtischen Baudeputation mit, »dass sich das Königliche General-Kommando der Garde nicht in der Lage sieht, Musik und Trommelschlag beim Passieren der eisernen Brücken verstummen zu lassen«. Mit dem Neubau der Friedrichsbrücke in den Jahren 1891–93 hatte die gusseiserne Konstruktion ausgedient.

Ein weiteres Beispiel für diese Bauweise war die Weidendammer Brücke. Bei der Erneuerung 1824–26 entschied man sich für gusseiserne Fachwerkträger und Stützen. L. Frhr. v. Zedlitz schreibt dazu in seinem »Neuesten Conversations-Handbuch für Berlin und Potsdam« von 1834: »Jetzt ist diese Brücke insofern die erste und einzige ihrer Art in der Welt, als bei ihr nämlich, anstatt der bisher nur allein üblich gewesenen massiven Pfeiler, gegen welche die Bogen gespannt werden müssen, zuerst der Versuch gemacht ist, mit freistehenden eisernen Pfeilern, welche die ebenfalls eisernen Bogen tragen, so dass an dieser Brücke, ausgenommen den hölzernen Pfahlrost im Grunde, die hölzernen Zugklappen, die massiven Stirnschälungen gegen die Ufer, den steinernen Fahrdamm und die Granitplatten auf den Fußwegen der Brücke, alles durchaus von Eisen ist.« Auftretende Risse und die zu geringe Fahrbahnbreite führten 1895 zum Abbruch dieser Brücke.

Eine weitere Brücke mit gusseisernen Elementen war die Kavalierbrücke. Diese

Weidendammer Brücke von 1826

von der Burgstraße zum Dom führende Fußgängerbrücke wurde nach ihrem Abbruch 1771 im Jahre 1832 neu gebaut. Dabei erhielt sie gusseiserne Stützen. Mit dem Bau der Kaiser-Wilhelm-Brücke 1895 hatte sie ausgedient.

Als eine der letzten gusseisernen Brücken Berlins ist die 1858–65 errichtete Alsenbrücke zu nennen. Nach einem Entwurf von F. A. Stüler wurde sie als dreifeldrige Bogenbrücke über die Spree und als Überbrückung der Zufahrten zum Humboldthafen im Zuge des Friedrich-Karl-Ufers gebaut. Wie bei den zuvor genannten Brücken wies der spröde Baustoff bald Risse auf, was bereits 1898 zum Abbruch der Brücke führte.

Die beschriebenen gusseisernen Brücken erinnern an einen kurzen Abschnitt der Technikgeschichte am Anfang des Metallbrückenbaus. Durch die technologischen Fortschritte bei der Aufbereitung des Eisens vom Gusseisen über das Puddel- und Schmiedeeisen zu immer hochwertigerem Stahl standen am Ende des 19. Jahrhunderts zunehmend bessere Baustoffe zur Verfügung.

Inzwischen hat die technische Entwicklung zum Gusseisen zurückgeführt, allerdings bei erheblicher Modifikation dieses Baustoffes. Die mit Stahl nicht ausführbaren fließenden Formen einiger moderner Brückenbauteile, speziell die der Brückenstützungen, werden heute aus Gusseisen hergestellt. Beispiele können unweit der ehemaligen Alsenbrücke im Bereich des Spreebogens besichtigt werden: an den Stützungen der neuen Kronprinzenbrücke und der Eisenbahnbrücke über den Humboldthafen.

Alsenbrücke von 1865

Die Brücken am Spreebogen

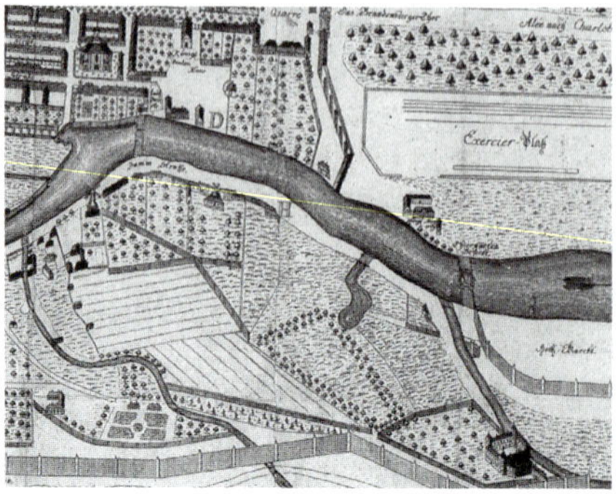

Stadtplan Berlins von 1737, Stich von J. F. Walther

Sieben Spreebrücken und zwei parallel zur Spree verlaufende Brücken bilden am Spreebogen zwischen der Marschall- und der Lutherbrücke auf einer Strecke von etwa zwei Kilometern ein Ensemble interessanter und zum Teil ungewöhnlicher Konstruktionen. Bis vor etwa 300 Jahren gab es hier keine Gelegenheit zur Flussüberquerung für Wagen oder Fußgänger. Erst Anfang des 18. Jahrhunderts errichtete man flussabwärts der Einmündung des damaligen Schönhauser Grabens eine hölzerne Klappbrücke über die Spree, die zunächst Brücke im Thiergarten und später Unterbaumbrücke hieß. Der Stadtplan von J. F. Walther aus dem Jahre 1737 zeigt die Situation dieser Zeit.

Diese Brücke benutzte wohl auch der aus Dessau kommende, 14-jährige Moses Mendelssohn im September 1743. Als er, vermutlich am Halleschen Tor, in Berlin eintraf, teilte man ihm mit, dass den Juden nur am Rosenthaler Tor der Zutritt zur Stadt gestattet sei. Mendelssohn musste

Kronprinzenbrücke nach Neubau 1879

1993–96 erneuerte Kronprinzenbrücke

also außerhalb der Palisaden am Brandenburger Tor vorbei, die Spree überqueren und dann weiter entlang der Stadtgrenze bis zum Rosenthaler Tor laufen, bevor er die Stadt betreten konnte.

Die bereits erwähnte neue Unterbaum- und spätere Kronprinzenbrücke, ein Stück flussaufwärts des Schönhauser Grabens gelegen, wurde 1993–96 nach einem Entwurf von S. Calatrava neu gestaltet und ist aus dem Brücken-Ensemble des Spreebogens ebenfalls nicht mehr wegzudenken.

Beim Bau der Neuen Wilhelmstraße kam 1820 die Marschallbrücke, die die 80 Jahre alte, etwa 70 Meter flussaufwärts befindliche Judenbrücke ersetzte, als Holzkonstruktion über fünf Felder neu hinzu. Der Entwurf einer eleganten Eisenkonstruktion von Schinkel aus dem Jahre 1818 hatte beim König keine Zustimmung gefunden. Stattdessen verkleidete man die errichtete Holzbrücke mit Brettern und malte darauf die Illusion einer Steinbrücke. Zu Ehren des Feldmarschalls Fürst von Blücher erhielt sie den Namen Marschallbrücke. In den Jahren 1881/82, noch vor der Spreeregulierung, ersetzte man die Holzbrücke durch ein 57 Meter langes Bauwerk mit stählernen Bogenträgern über drei Felder. Nach dem Entwurf des Stadtbaurates F. Krause stellten das dekorativ gestaltete Geländer aus Gusseisen und die Leuchten den bauplastischen Schmuck dar. Am Ende des Zweiten Weltkrieges wurde das südliche Brückenfeld gesprengt. Wieder repariert, diente die Brücke dem Verkehr bis zum Umbau 1997–99. Bei seiner Planung suchte man nach einem Kompromiss zwischen den Anforderungen des Verkehrs und der Denkmalpflege. Durch Wegfall des linken Strompfeilers wurde im Entwurf von B. Tonon und dem Ingenieurbüro Pichler die geforderte Vergrößerung der Schifffahrtsöffnung erreicht. Neben der modernen Balkenkonstruktion ordnete man in den Gehbahnbereichen des nördlichen Feldes die alten Fachwerkbögen wieder an, so dass heute der verbliebene und verstärkte Strompfeiler zwischen Alt

Marschallbrücke vor Neubau 1881/82

Marschallbrücke nach Umbau 1997–99

Moltkebrücke von 1888/91

und Neu vermittelt. Die im ehemaligen Mittelfeld ausgebauten Bogenträger fanden beim Bau des Anhalter Steges über den Landwehrkanal am Technikmuseum erneut Verwendung.

Mit dem Bau der eingleisigen Bahnhofsverbindungsbahn entstand um 1850 die hölzerne Vorgängerbrücke der Unterspreebrücke. Bauschäden machten bereits 1865 einen Ersatzbau erforderlich, der in Form einer schmiedeeisernen Bogenkonstruktion in symmetrischer Lage zur Unterbaum-

Anhalter Steg mit Bogenträgern der Marschallbrücke

Die neue Hugo-Preuß-Brücke

brücke angelegt wurde. Er war jedoch ebenfalls nur von kurzem Bestand. Nun entschied man sich für eine massive Gewölbebrücke nach einem Entwurf von O. Stahn mit reichem bildnerischem Schmuck von C. Piper, C. Begas und J. Boese. Das 85 Meter lange Bauwerk war 1891 so weit hergestellt, dass der Trauerzug des im April desselben Jahres verstorbenen Grafen Moltke über die Brücke geführt werden konnte. Sie erhielt daraufhin seinen Namen. Wegen Traglastproblemen und Kriegsschäden wurde nach fast 100-jähriger Nutzung 1983–86 eine grundhafte Instandsetzung durchgeführt, bei der gleichzeitig die Tragfähigkeit erhöht wurde.

Die im Grundriss T-förmige Alsenbrücke, die nach einem Entwurf von F. A. Stüler in der Symmetrieachse des Spreebogens sowohl die Spree als auch orthogonal dazu die Zufahrten zum Humboldthafen überbrückte, ist nicht erhalten geblieben. Die Schäden an der dreifeldrigen Konstruktion über die Spree machten bereits 1898/99 einen Neubau notwendig, der als stählerner Bogen ohne Strompfeiler zur Ausführung kam. Als die Schifffahrt 1925 den Abbruch der Brücke erzwang, unterblieb eine Spreeüberbrückung an dieser Stelle, während über die nun erweiterte Hafenzufahrt eine 170 Meter lange Hängebrücke entstand, die zunächst Hugo-Preuß- und nach 1933 Admiral-Scheer-Brücke hieß. Nach der Sprengung der Hängebrücke am Ende des Zweiten Weltkriegs kam es zum Abbruch des Bauwerkes.

Admiral-Scheer-Brücke von 1928

Ab 1933 wurde der Spreebogen gegenstand größenwahnsinniger nationalsozialistischer Planungen. Danach sollte der Fluss

Marie-Elisabeth-Lüders-Steg

auf 500 Metern begradigt und abgedeckt werden. In Ufernähe war die Große Halle für 180000 Besucher vorgesehen. Vorbereitende Arbeiten hierfür begannen noch vor Ausbruch des Krieges.

Nach 1945 unterblieb für dieses Stadtgebiet auch wegen der Grenzlage zwischen Ost und West nahezu 50 Jahre lang eine abschließende städtebauliche Gestaltung. Erst nach der Deutschen Einheit erfolgte im Rahmen der Planungen für die deutsche Hauptstadt die Bebauung des Spreebogens. Als Ergebnis des Gestaltungswettbewerbs 1992/93 wurden drei neue Spreeüberbrückungen errichtet und die oben genannte Hugo-Preuß-Brücke ersetzt. Diese führt nun als fast 90 Meter lange Stahlkonstruktion, im Grund- und Aufriss gekrümmt, stützenlos über die Hafenzufahrt.

Zu den neuen Spreebrücken gehört der Marie-Elisabeth-Lüders-Steg. Ein Stück flussabwärts der Marschallbrücke gelegen, stellt er die Verbindung der beiderseits des Flusses befindlichen Bundestagsgebäude dar. Das in zwei Ebenen angeordnete Stahltragwerk führt mit etwa 70 Metern Länge über den Fluss und die Uferwege.

Ebenfalls für den Fußgängerverkehr entstand 2005 die etwa 90 Meter lange Gustav-Heinemann-Brücke. Die stählerne Fachwerkbrücke bildet mit der Betonung des Konstruktiven einen deutlichen Kontrast zur benachbarten Moltkebrücke.

Als weiterer Brückenneubau führt der Kanzleramtssteg in Fortführung der nördlichen Front des Bundeskanzleramtes in zwei Ebenen über die Spree. Mit einem ungewöhnlichen Z-förmigen Querschnitt dient die 116 Meter lange, konstruktiv und statisch anspruchsvolle Stahlkonstruktion ausschließlich dem Fahrzeug- und Fußgängerverkehr des Kanzleramtes und verbindet dieses mit der gegenüberliegenden Parkanlage. Wie die Brücke zwischen den

Gustav-Heinemann-Brücke

Kanzleramtssteg

Bundestagsgebäuden war auch diese Brücke Bestandteil des Wettbewerbsentwurfs der Architekten A. Schultes und Ch. Frank.

Ebenfalls zu den neuen Brücken gehört seit 2004 jene im Bereich des Panoramaweges, der am linken Spreeufer verläuft. Der ästhetischen Gestaltung des Parks dient hier die 120 Meter lange und 3,5 Meter breite Panoramabrücke über 15 Felder mit einer eigenwilligen außermittigen Stützung.

Planungen sehen noch eine weitere Spreebrücke im Bereich Haus der Kulturen der Welt vor, die den Zugang zur Wohnanlage am rechten Spreeufer verbessern wird.

Die Lutherbrücke, nahe dem Schloss Bellevue gelegen, beschließt den Brückenreigen am Spreebogen. Die 63 Meter lange Brücke entstand 1882 als massive Gewölbebrücke und wurde 1974 denkmalgerecht instandgesetzt.

Das Entstehen des Brückenensembles am Spreebogen und seine Veränderungen sind auch ein Beispiel für den Wandel im Stadtbild und die gewaltigen Bauleistungen nach der Deutschen Einheit.

Lutherbrücke von 1882

Seite 42/43: Panoramabrücke von 2004

Die Brückenkolonnaden

Mitte des 18. Jahrhunderts gab es unter den 30 Berliner Brücken nur ein massives und mit bildnerischem Schmuck versehenes Bauwerk – und zwar die damalige Kurfürsten- und heutige Rathausbrücke. Alle anderen waren einfache Holzbauwerke. Nach dem Siebenjährigen Krieg begann Friedrich II. mit der Verschönerung seiner Hauptstadt. Dazu gehörte auch der Bau von Kolonnadenbrücken, die R. Borrmann in »Die Bau- und Kunstdenkmäler von Berlin« 1893 wie folgt beschreibt: »Zu den dem alten Berlin eigentümlichen Anlagen von monumentalem Gepräge gehören die Brückenhallen, gedeckte Hallenanlagen mit anschließenden Verkaufsräumen, welche die in der Flucht der Häuserreihen liegende Einfassung der Brücken bilden.« Hervorragende Baumeister wie Vater und Sohn Boumann, G. C. Unger, C. G. Langhans und K. v. Gontard wurden zum Entwurf und zur Bauleitung, namhafte Bildhauer zur Ausschmückung der Brücken herangezogen. Man nannte Brücken mit anschließenden Säulenhallen generell Kolonnadenbrücken, auch wenn die Abdeckungen bogenförmig verliefen und eigentlich Arkaden darstellten. Leider blieben von dieser

Teilansicht der Mühlenkolonnaden um 1850

Die Spittelkolonnaden in der Leipziger Straße

ersten Blütezeit des Berliner Brückenbaus nur Reste der Spittel-, der Mohren- und der Königskolonnaden erhalten.

Der Mühlendamm war ein Vorgänger der kunstvollen Kolonnadenbrücken. Hier hatte J. A. Nering 1683–88 anstelle der hölzernen Krambuden Kolonnaden mit Verkaufsläden errichtet. Es handelte sich dabei um eine Reihe von massiven Bogenhallen mit einem niedrigen Attikageschoss darüber. Beim Umbau des Mühlendammes 1887–90 wurden diese Bauten abgerissen.

1776/77 entstanden nach Plänen von K. v. Gontard die Hallen der Spittelbrücke

Königskolonnaden 1835, Ölgemälde von E. Gaertner

in der Leipziger Straße an der Stelle einer Vorgängerbrücke über den Grünen Graben. In den Rückwänden der Bogengänge befanden sich die Ladeneingänge, dazwischen in Nischen Reliefs von Geräten des Handels und des Ackerbaus sowie Füllhörner mit Blumen und Früchten. Eine der Hallen wurde im Jahre 1929 abgerissen, die andere erlitt im Zweiten Weltkrieg schwere Schäden. Reste fanden 1979 beim Nachbau der Kolonnaden in der Leipziger Straße Verwendung.

Ein Jahr nach der Fertigstellung der Spittelbrücke begann der Neubau der Königsbrücke über den gleichnamigen Graben. Nach Entwürfen K. v. Gontards entstand bis 1780 unter der Leitung von Boumann d. J. eine Brückenanlage, die zu den besten Werken der Berliner Architektur zählte. Die Brücke überspannte mit vier ellipti-

Königsbrücke vor Abbruch 1878

Königskolonnaden am neuen Standort an der Potsdamer Straße

Jägerkolonnaden von 1782

Mohrenkolonnaden in der Mohrenstraße

schen Bögen den ehemaligen Festungsgraben, ebenso natursteinverkleidet und mit bildnerischem Schmuck versehen wie die an beide Seiten anschließenden Säulenhallen. Durch die Rückwände der Hallen erreichte man die Läden. Der bildnerische Schmuck der Brücke stammte von den Bildhauern Schultze und Meyer d. J. Bauschäden erforderten 1871–73 eine Erneuerung der Brücke, die nur kurzen Bestand hatte. Im Zusammenhang mit dem Stadtbahnbau ab 1878 kam es zum Brückenabbruch. Dabei blieben die Kolonnaden zunächst am alten Standort. Als 1909 ein Bauunternehmer die Kosten für das Versetzen der Anlagen in den heutigen Kleistpark übernahm, war die Erhaltung dieser bedeutenden Bauteile gesichert.

Nach G. C. Ungers Plänen entstanden die Jägerkolonnaden ab 1782, um ebenfalls eine Vorgängerbrücke über den Grünen Graben zu ersetzen. Die Anlage entfiel bereits am Ende des 18. Jahrhunderts bei der Verfüllung des Grabens.

Als letzte Brückenkolonnade dieser Zeit ist die in der Mohrenstraße zu nennen. Sie ist als einzige noch am alten Standort zu besichtigen. Nach Plänen von C. G. Langhans wurde sie 1787 errichtet und mit Werken aus J. G. Schadows Werkstatt geschmückt.

Kolonnadenartige Aufbauten leistete sich Anfang des 20. Jahrhunderts auch die damalige Stadt Charlottenburg an der Lietzenseebrücke sowie an der Charlottenburger Brücke über den Landwehrkanal im Zuge der heutigen Straße des 17. Juni. Letztere sollte das repräsentative Tor nach Berlin darstellen. Auch die Glienicker Brücke erhielt bei ihrer Erneuerung 1905–07 eine schmückende Randbebauung aus Kolonnaden.

Die Kolonnadenbrücken des 18. Jahrhunderts erinnern an eine Berliner Bauperiode, in der das Bauwerk Brücke durch kunstvolle Entree-Bebauungen aufgewertet wurde und einen besonderen Akzent erhielt.

Charlottenburger Brücke über den Landwehrkanal

Kolonnadenartige Aufbauten an der Glienicker Brücke

Die Sechserbrücken

Am Anfang des 19. Jahrhunderts kam in Berlin der Staat seinen Pflichten im Brückenbau oftmals nur ungenügend nach. Das betraf sowohl die Reparaturen der überwiegend hölzernen Bauwerke als auch die wegen der Stadterweiterung dringlichen Brückenneubauten.

Erst 1875 wurden Brücken städtisch. Vorher waren es meist Private, beispielsweise Aktiengesellschaften oder Einzelpersonen, die zunächst die Baukosten übernahmen und dafür in einigen Fällen vom König bis zu 80 Jahre lang die Genehmigung für das Erheben eines Brückenzolls erhielten. Dieser betrug einen halben Silbergroschen, das entsprach sechs Pfennigen, was den betreffenden Brücken den Namen Sechserbrücke einbrachte. Auf der Brücke postierte sogenannte Brückengeldeinnehmer kassierten den Sechser. Die Vergabe von Konzessionen zur Erhebung des Brückenzolls endete 1875 mit der Übernahme der Brücken durch die Stadt.

Die Sechserbrücken belasteten insbesondere die ärmere Bevölkerung erheblich. Zur Lage an der Oberspree schreibt die Spenersche Zeitung vom 20. Oktober 1862: »Es befinden sich zwar dort gegen Ende der Stadt zu die Jannowitz-, die Schilling- und die Oberbaumbrücke. Die erste ist aber von der zweiten ca. 260 Ruten [980 Meter] und die zweite von der dritten Brücke ca. 365 Ruten [1370 Meter] entfernt. Da auf der mittleren pro Fußgänger sechs Pfennig

Spreepartie zwischen Jannowitz- und Oberbaumbrücke um 1940

Jannowitzbrücke um 1840, unbekannter Künstler

und pro Wagen zwei Silbergroschen Brückenzoll erhoben werden, so sind die beiden äußeren kostenfreien Passagen ca. eine drittel Meile voneinander entfernt. An keiner anderen Stelle der Stadt inner- und außerhalb der Ringmauer sind die kostenfreien Fußgängerpassagen durch so große Entfernungen voneinander getrennt.« Dabei zeugen Berichte davon, dass auch an der Oberbaumbrücke, der mit 154 Metern damals längsten Berliner Brücke, zeitweise für Wagen und Pferde Brückenzoll erhoben wurde.

Zu den ersten Sechserbrücken gehörte die Jannowitzbrücke. Auf Initiative des Kaufmanns und Baumwollfabrikanten Jannowitz kam es 1822 zum Bau einer hölzernen Spreebrücke. Die Vossischen Nach-

Jannowitzbrücke nach Erneuerung 1881–83

Die heutige Schillingbrücke

Die 1820 errichtete hölzerne Ebertsbrücke

Ebertsbrücke nach Erneuerung 1893/94

richten melden am 7. März 1822: »Um eine bequemere Verbindung der Louisenstadt mit der Stralauer Vorstadt zu bewirken, soll mit Allerhöchster Genehmigung von der Köpenicker Straße Nr. 76/77 aus über das Grundstück des Superindendenten Lettow und den Wusterhausischen Holzmarkt eine neue Straße an die Spree führen und von dort aus über eine große hölzerne Fahrbrücke mit Aufzug nach der sogenannten Stralauer Aufschwemme erbaut werden.« Es handelte sich dabei um eine einfache hölzerne Jochbrücke mit Klappendurchlass, die Ende 1822 unter Forderung eines Brückengeldes für Fußgänger, Reiter und Fuhrwerke freigegeben wurde. Nach der Übergabe der Brücke an den Staat endete hier 1840 das Erheben des Brückenzolls.

Im gleichen Jahr war etwa 1000 Meter stromaufwärts mit der Schillingbrücke eine weitere Sechserbrücke entstanden. Der in der Köpenicker Straße ansässige Kalkscheunenbesitzer und Maurermeister Schilling hatte in seiner Funktion als Vorsitzender einer Aktiengesellschaft für die Bereitstellung der Brückenbaukosten gesorgt. Erst als die Brücke 1864 Eigentum der Stadt wurde, entfiel der Brückenzoll.

Über die Ebertsbrücke, die bereits ab 1820 gegen Zahlung eines Passiergeldes dem Verkehr zur Verfügung stand, schreibt L. Frhr. v. Zedlitz 1834 in seinem »Neuesten Conversations-Handbuch für Berlin und Potsdam«: »Die Ebertsbrücke ist eine hölzerne Zugbrücke, welche über die Spree von der großen Artilleriekaserne am Kupfergraben in die Artillerie-Straße führt; ihren Namen hat sie von dem Seehandlungs-Rendanten Ebert, welcher sie in neuerer Zeit auf Aktien erbaute; ihre Länge beträgt 216 Fuß.« Der Staat übernahm die Brücke im Jahre 1825.

Ebenfalls als Sechserbrücke erbaute man auf Veranlassung des Justizrats Kunowski und unter Mitwirkung des Kondukteurs Roch 1824 die nach Kunowski benannte gusseiserne Bogenbrücke über den ehemaligen Königsgraben. Die Kunowskibrücke stellte eine Verbindung zwischen der Neuen Friedrichstraße und der Münzstraße her und entfiel beim Bau der Stadtbahn im Jahre 1879.

Über eine weitere Sechserbrücke berichtet v. Zedlitz: »Die Brücke ist eine neue schöne geschmackvolle, auf Aktien erbaute Laufbrücke, welche aus dem Lustgarten zur Seite der Domkirche über die Spree führt. Sie wird die Kavalierbrücke genannt, und ihre Länge beträgt 130 Fuß. Das Material, aus dem sie geformt ist, ward in Schlesien gegossen.« Beschrieben wird damit die einstige Burgbrücke, die seit dem Ende des 17. Jahrhunderts in der Nähe der heutigen Liebknechtbrücke über die Spree führte. Den Namen Kavalierbrücke erhielt sie nach dem in der Burgstraße gelegenen Kavalierhaus des Schlosses. Sie soll 1709, als der russische Gesandte anlässlich der Schlacht bei Poltawa ein Feuerwerk veranstaltete, durch Menschengedränge eingestürzt sein, wobei vierzig Personen ertranken. Wegen Baufälligkeit brach man diese Brücke 1771 ab. Erst 1831/32 wurde sie als Sechserbrücke wiedererrichtet, bevor sie 1845 teilweise umgebaut wurde, um Baufreiheit für den neuen Dom zu schaffen. Bis 1873 erhob man hier Brückenzoll. Mit Baubeginn an der Kaiser-Wilhelm-Brücke 1885 musste die Fußgängerbrücke dann endgültig weichen.

Kavalierbrücke von 1832

Neben den die Bevölkerung belastenden Sechserbrücken gab es weitere von Privaten gebaute Brücken, die jedoch gleich nach ihrer Fertigstellung der Staat übernahm. Einige Beispiele dafür sind die Gotzkowsky-, die Lessing- und die Moabiter Brücke sowie der Kaisersteg.

Brückenzoll wurde noch einmal am 1908 erbauten Tegeler Hafensteg erhoben, wo die privaten Erbauer bis zur Übernahme der Brücke durch die Kommune im Jahre 1921 den Sechser kassierten. Damit endete ein weniger erfreuliches Kapitel der Berliner Brückengeschichte.

Tegeler Hafensteg von 1908

Die Kaiserkrone auf der Weidendammer Brücke

Weidendammer Brücke nach Erneuerung 1895–97

Nur wenige Passanten, die auf der Weidendammer Brücke die Spree überqueren, schenken dem kunstvoll geschmiedeten Geländer und seiner Bekrönung ihre besondere Aufmerksamkeit. So blieb das jahrelange Fehlen der gusseisernen Kaiserkronen in der Öffentlichkeit ebenso unbemerkt wie ihr plötzliches Wiederauftauchen im Jahre 1985.

Die Weidendammer Brücke – früher auch Dorotheenstädtische und Spandauische Brücke genannt – entstand im Jahre 1685 als hölzerne Jochbrücke mit Klappen in der Mittelöffnung für die Passage der Segelschiffe. Sie ist damit nach der Mühlendamm- und der Rathausbrücke die drittälteste Spreebrücke Berlins. Als gusseiserne Konstruktion in den 1820er Jahren erneuert, bildete sie bald wegen ihrer zu geringen Breite ein Nadelöhr im Zuge der Friedrichstraße. Nach längerer Vorplanung, die auch einen Gestaltungswettbewerb einschloss, kam es 1885–87 zum Neubau als Deckbrücke. Der Grundriss der beiden Strompfeiler folgte in seiner Form dem Verlauf der Flusskrümmung und bot, zusammen mit dem bogenförmigen Hauptträger der Brücke, der Schifffahrt einen optimalen Durchfahrtsraum. Hinsichtlich des Brückenschmucks legt der Stadtbauinspektor Gottheiner in seinem Erläuterungsbericht zum Brückenentwurf fest: »Ein dekorativ gestaltetes schmiedeeisernes Brückengeländer ist bestimmt, im Verein mit den über den Vorköpfen der Strompfeiler sich erhebenden ebenfalls aus Eisen geschmiedeten Kandelabern der Brücke, die ihr mit Rücksicht auf ihre Örtlichkeit zukommende reichere architektonische Ausgestaltung zu verleihen.« Mit handwerklichem Können setzte die Schmiedewerkstatt von F. P. Krüger diesen Vorsatz in die Tat um. Es entstand ein bemerkenswertes Geländer, das in der Brückenmitte den Reichsadler mit der Kaiserkrone aus Gusseisen nachbildete.

Störende Schwingungen der Brückenträger waren der Anlass, über Verstärkungen nachzudenken. Als der U-Bahn-Bau 1913 die Demontage der Brücke erforderlich machte, ergab sich eine Gelegenheit für entsprechende konstruktive Veränderungen. Der Erste Weltkrieg verzögerte allerdings die Fertigstellung der nun verstärkten und verbreiterten, jedoch in der äußeren Form nur geringfügig veränderten Brücke bis zum Jahr 1923. Unbekannt sind der genaue Zeitpunkt und der Anlass für die Entfernung der Kronen. Auch die Brückendokumentationen enthalten keinen Hinweis hierzu. Ein Bericht im Tageblatt vom 28. November 1923 über die Wiedereröffnung der Brücke nach erfolgtem Umbau erwähnt die Kronen als Teil des erneuerten Geländers und bestätigt damit dessen Vollständigkeit. Auf einem Foto von 1953 fehlen die Kronen.

Gestaltung der Pfeilerköpfe

Reichsadler im Geländer der Weidendammer Brücke

Den Zweiten Weltkrieg überstand die Weidendammer Brücke als eine weniger Spreebrücken unzerstört. Korrosionsschäden erforderten jedoch wiederholt Reparaturen der Geländer und der Leuchtenträger, so auch 1985. Dabei sollten die fehlenden Kaiserkronen ersetzt werden, wofür jedoch die notwendige Vorlage fehlte.

Recherchen ergaben, dass es die Reichsinsignien des deutschen Kaiserreiches von 1871 und damit die deutsche Kaiserkrone als Original nie gegeben hat. Die Kaiserkrönung fand ohne Reichsinsignien statt. Die 1871 in Anlehnung an die Ottonische Krone

Weidendammer Brücke heute

Die Aachener Kopie der Kaiserkrone

Gusseiserne Krone auf der Weidendammer Brücke

Brückenlager

gezeichnete Kaiserkrone diente ebenso wie die 1889 auf Wunsch des Kaisers veränderte Entwurfsfassung nur heraldischen Zwecken. Aus mehreren Gründen erteilte der Kaiser nie den Auftrag zur Herstellung der Krone. Lediglich fünf Kopien entstanden in der Folgezeit. Eine davon ließ die Stadt Aachen anfertigen.

Die Suche nach einem Modell für die Neuherstellung der Kaiserkronen auf den Geländern der Weidendammer Brücke blieb lange erfolglos – bis ein Zufall half. Während eines Theaterbesuchs im Berliner Ensemble am Schiffbauerdamm betrachtete ein Mitarbeiter der Brückenbauverwaltung in einer Pause die reiche Ausgestaltung des Innenraumes und entdeckte an der Theaterdecke die Kaiserkrone im schmückenden Stuck. Mit Zustimmung der Theaterleitung und mittels einer Hebebühne konnte man die genaue Nachbildung der Kaiserkrone im originalgetreuen Maßstab näher betrachten und sie im Sommer 1985 an Ort und Stelle abformen. Es handelt sich dabei um die heraldische Version von 1889. Das nach dieser Vorlage hergestellte Gipsmodell diente der Kunstschmiede zur Herstellung von zwei neuen Unikaten der Kaiserkrone aus Gusseisen, die schließlich Ende Dezember 1985 über den inzwischen restaurierten Reichsadlern auf der Weidendammer Brücke wieder ihren Platz fanden und die schmiedeeisernen Geländer vervollständigten. Die nach langer Abwesenheit zurückgekehrten Kaiserkronen auf der Weidendammer Brücke riefen bei ihrem Wiedererscheinen kein besonderes Aufsehen hervor und bewahren das Geheimnis ihrer wechselhaften Geschichte.

Wer sich vom Schauspieler Riemer in einer seiner interessanten Führungen das Berliner Ensemble zeigen lässt, kann außer den ehemaligen Panzerrollen des T34, auf denen seit Helene Weigels Zeiten die Drehbühne des Theaters störfrei läuft, auch die Kaiserkrone im Stuck über der Bühne gezeigt bekommen.

Zerstörte Brücken

Die gesprengte Freybrücke

Ein Rückblick auf die im Zweiten Weltkrieg entstandenen großen Schäden an den Berliner Straßenbrücken zeigt die bemerkenswerten Leistungen, die beim Wiederaufbau vollbracht wurden.

Nach dem 8. Mai 1945 gehörte die Wiederherstellung der Straßenbrücken zu den vorrangigsten Aufgaben, denn neben der Gewährleistung des Straßenverkehrs galt es, die an vielen Stellen unterbrochenen Ver- und Entsorgungsleitungen zu reparieren und den kreuzenden Schiffs- und Bahnverkehr kurzfristig wieder zu ermöglichen. Das alles musste trotz des herrschenden Mangels an technischer Ausrüstung, Baumaterial und Fachpersonal geschehen. Der Bericht der Haupttiefbauverwaltung vom Juni 1945 zeugt vom Ausmaß der Zerstörungen. Von den 220 städtischen Straßenbrücken mit mehr als 10 Metern Stützweite wiesen 127 so starke Schäden auf, dass eine Nutzung nicht in Frage kam. Die Totalschäden waren fast ausschließlich Folge sinnloser Sprengungen.

Zu den zerstörten Brücken zählten alle Straßenbrücken über die Spree zwischen Köpenick und Spandau mit Ausnahme der Schilling- und der Weidendammer Brücke. Der Zerstörung entging auch der Siemenssteg. Die übrigen Brücken waren durch Bombenangriffe und Straßenkämpfe mehr oder weniger stark beschädigt.

Bei den Massivbrücken, wie beispielsweise der Rathaus- oder der Oberbaumbrücke, mussten die gesprengten Teile ersetzt werden, so dass als Sofortmaßnahme

der Bau von Behelfsbrücken notwendig war. Gesprengte und in den Fluss abgestürzte Stahlüberbauten ließen sich in vielen Fällen mit Hilfe von Gerüsten heben und unter Verwendung von Altstahl verkehrsgerecht wiederherstellen. Wie aus den verformten Trägern wieder eine nutzbare Brücke entstand, zeigen die Treskow-, die Grünauer und die inzwischen bis auf einen kleinen Teil demontierte Fußgängerbrücke Storkower Straße. Sie alle zeugen vom fachlichen Können der Stahlbauer. Ein sehr hoher Zerstörungsgrad führte jedoch auch bei einigen Stahlbrücken zum vollständigen Abbruch, wie etwa beim Kaisersteg oder der Jannowitzbrücke.

Nach dem Ende der Kampfhandlungen errichtete die Rote Armee mehr als 30 Notbrücken, die zunächst einen eingeschränkten Verkehr ermöglichten. Die eigentlichen Brückenreparaturen folgten unmittelbar. Die Brückenbauverwaltung hatte am 14. Juni 1945 folgende Brücken der ersten Dringlichkeitsstufe zugeordnet: Frey-, Stubenrauch-, Belle-Alliance-, Luther-, Warschauer, Herkules-, Baerwald-, Potsdamer, Prinz-Friedrich-Leopold-, Mühlendamm- und Gustav-Borgmann-Brücke. Mit welchem Elan das Werk angefasst wurde, zeigt ein Ausschnitt aus einem Brief des

Zerstörte Friedrichsbrücke

Zerstörte und mit einer Behelfskonstruktion versehene Rathausbrücke

Gesprengte Jannowitzbrücke

Zerstörte Fußgängerbrücke Storkower Straße

Bezirksbürgermeisters von Neukölln vom 8. Juni 1945 an die Haupttiefbauverwaltung: »Sogleich nach dem Einmarsch der russischen Truppen sind wir darangegangen, an Stellen der vielen gesprengten Brücken über den Teltowkanal in Neukölln die Brücken wieder herzustellen bzw. Notbrücken zu errichten. Diese provisorischen Brücken dienen hauptsächlich als Tragkonstruktion für die Wasserrohrleitungen und Kanalisations-Druckrohre, die ebenfalls bereits erneuert sind. Gleichzeitig sind diese Notbrücken auch für den an dieser Stelle sehr starken Fußgängerverkehr ausgebildet. Mehrere dieser Brücken sind bereits fertig. Während die Arbeit an weiteren Brücken gut vorwärts schreitet.«

Der Bericht der Haupttiefbauverwaltung vom 21. Juli 1947 sagt außerdem aus, dass zu dieser Zeit 29 Brücken bereits fertig-

Hebung der Fußgängerbrücke Storkower Straße

Die Fußgängerbrücke nach dem Heben und Richten

Bau der Liebknecht-brücke 1948/49

Freigabe der Liebknechtbrücke am 29. April 1949

gestellt waren und 54 Behelfsbrücken dem Verkehr dienten, jedoch noch 65 zerstörte Brücken existierten.

Von den Spreebrücken gelang es, u. a. die Schlossbrücke Charlottenburg, den Gerickesteg, die Behelfsbrücke am Mühlendamm, die Treskow- und die Stubenrauchbrücke zu heben. Die erste neugebaute Spreebrücke im Stadtzentrum war die Kaiser-Wilhelm-Brücke, bei der überwiegend Trümmerstahl Verwendung gefunden hatte. Die Verkehrsfreigabe und die Umbenennung in Liebknechtbrücke fanden am 29. April 1950 statt. Von den 41 über den Teltowkanal führenden Brücken waren 37 gesprengt worden. 1949 waren davon bereits 11 Überbauten, darunter der der Baumschulenbrücke, gehoben sowie mehrere erneuert worden. 18 der einst 24 über den Landwehrkanal führenden Brücken waren zerstört oder schwer beschädigt. Hier mussten die meisten Brücken erneuert werden. Die Brücken über den Berlin-Spandauer-Schifffahrtskanal waren ausnahmslos zerstört. Während die Sandkrugbrücke im Jahre 1948 aus Altstahl neu entstand, musste man die Admiral-Scheer-Brücke über die Zufahrt zum Humboldthafen, damals die einzige größere Hängebrücke Berlins, demontieren. Sie erhielt erst 2005 eine Nachfolgerin. Auch die fünf Brücken über den Hohenzollernkanal wurden Opfer der Sprengungen. Hier kamen zeitweise schwimmende Pontonbrücken als Behelf zum Einsatz.

Gesprengte Admiral-Scheer-Brücke

Insgesamt ist die in den Nachkriegsjahren an den Straßenbrücken geleistete Aufbauarbeit unter Beachtung der schwierigen Bedingungen nicht hoch genug einzuschätzen. Diese Bedingungen verdeutlicht der Jahresbericht des Hauptamtes für Tiefbau von 1949: »Es fehlt nicht nur an Facharbeitern, die sich zum Teil der einträglicheren Schwarzarbeit zuwandten, sondern auch an Baustoffen und Betriebsstoffen, wie Benzin, Strom und Kohle. Die Entwurfsarbeit stand unter dem Zwang, das geplante Bauwerk nach dem vorhandenen Material zu konstruieren, die Bauausführung litt unter dem Mangel an Zement, Stahl, Nieten, Schrauben, Schneidgasen und Kohle … Holz war fast nicht vorhanden, Nägel so knapp, dass alte Nägel geradegebogen und wieder verwendet wurden.«

Einige im heutigen Stadtbild fehlende Brücken, darunter die Brommybrücke und die Waisenbrücke, und der Anblick der mehr als 60 Jahre nach Kriegsende immer noch desolaten Rathausbrücke erinnern noch an den Krieg.

Die Figurengruppen der Schlossbrücke

Idealansicht der Schlossbücke von Schinkel, 1819

Als man am 28. November 1823 mit dem Einzug des Kronprinzen, des späteren Königs Friedrich Wilhelm IV., anlässlich seiner Heirat mit Prinzessin Elisabeth von Bayern die Schlossbrücke feierlich einweihte, war diese noch ein schmuckloser Torso. Sie blieb es weitere 30 Jahre, denn bis über Schinkels Tod im Jahr 1841 hinaus waren die Postamente leer, und erst 1853 konnten sechs der acht geplanten Figurengruppen aufgestellt werden. Im Jahre 1857 kam als letzte Gruppe A. Wredows »Der siegreich Gefallene wird von Nike zum Olymp getragen« hinzu.

Die Hundebrücke, eine hölzerne Klappbrücke über den Spreekanal am Ende der Straße Unter den Linden, passte nicht in das städtebauliche Konzept einer »Via triumphalis« in Erinnerung an die Befreiungskriege und sollte deshalb als steinerne

Die Brücke ohne Figurenschmuck um 1830, Lithographie von W. Loeillot

Brücke erneuert werden. K. F. Schinkel, seit 1811 Geheimer Oberbaurat des Königs, hatte 1819 seine Pläne für die Brücke vorgelegt und leitet die Erläuterungen hierzu wie folgt ein: »Die ehemalige Hundebrücke am Zeughause war eine gewöhnliche hölzerne Jochbrücke, die in der Umgebung von so imposanten Gebäuden als das Zeughaus und das Königliche Schloß, in der breitesten und schönsten Straße der Stadt ein höchst dürftiges Ansehen hatte und diese in ihrer Art unvergleichlich schöne Straße auf das Unschicklichste verengte und verunstaltete.« Nach Vorarbeiten konnte am 29. Mai 1822 die Grundsteinlegung stattfinden, bei der auch der Name Schlossbrücke verliehen wurde. Der leitende Baudirektor F. Triest betont in seiner Festrede die Bedeutung der Skulpturen als dominantem Schmuck der Brücke: » ... bald werden wir dieselbe mit Siegesgöttinnen geschmückt sehen ... welche noch unsern späteren Nachkommen eine herrliche Erinnerung an den Kampf für Freyheit und Selbständigkeit seyn werden, welchen der König und sein Volk so glorreich bestanden hat.« Das Wort »bald« war dabei jedoch verfehlt.

Eines der Adlermedaillons auf den Figurenpostamenten

Die Figurengruppe »Der Jüngling wird von Athene in den neuen Kampf geführt« von A. Wolff

In der Denkschrift an den König vom 30. Juni 1819 hatte K. F. Schinkel als Material für die Figurengruppen Stein oder getriebenes Kupfer vorgeschlagen. Auch Eisenguss wurde erwogen, bevor die Entscheidung zugunsten des sogenannten Carrara-Marmors fiel.

Anfang 1842 erhielten die Bildhauer F. Drake, L. Wichmann, A. Wredow und E. Wolff die Aufträge zur Ausführung der vier Eckgruppen. Für die vier Mittelgruppen fand ein Wettbewerb statt, an dem sich zehn Bildhauer beteiligten und nach dem Hermann Schievelbein, K. H. Möller, A. Wolff und G. Blaeser den Zuschlag bekamen. E. Wolffs »Nike lehrt den Knaben Heldensagen« war die erste der etwa 2,5 Meter hohen Figurengruppen. Sie erreichte im Frühjahr 1847 per Schiff Berlin und wurde mit fünf weiteren Gruppen am 3. August 1853 auf den aus Kunzendorfer Marmor gefertigten Sockeln montiert. Die Postamente schmückten Adlermedaillons aus Carrara-Marmor nach Entwürfen von F. W. Wolff. Acht Bildhauer schufen die acht Medaillons mit insgesamt vier Motiven. Entgegen Schinkels Vorstellungen erhielten nicht alle Seiten der Sockel, sondern nur die der Straße zugekehrten ein Medaillon.

Kriegsschäden an der Brücke 1947

Die Brücke blieb bezüglich ihres Schmuckes bis 1857 unvollständig und entsprach bis 1912 insgesamt nicht Schinkels Idealentwurf einer Bogenbrücke über drei Felder. Wegen der Schifffahrt über den Spreekanal besaß die Schlossbrücke im Mittelfeld einen Klappendurchlass. Erst der Umbau des Mühlendamms 1889–94 schuf die Voraussetzungen für den Ersatz der Klappen durch ein massives Gewölbe.

Nur etwa 30 Jahre verblieb die Brücke in diesem vollendeten Zustand, dann folgte die Demontage der Skulpturengruppen. Wie A. Schlüters Standbild des Großen Kurfürsten wurden die Skulpturengruppen 1943 abgebaut, auf dem Gelände des Spandauer Südhafens und dem Westhafen in Moabit eingelagert und somit vor Kriegszerstörung geschützt. Die leeren Sockelstümpfe erhielten zum Schutz hölzerne Kappen.

Obwohl die Schlossbrücke zu den wenigen Berliner Brücken gehörte, die nicht gesprengt wurden, wies sie nach Ende der Kampfhandlungen im Mai 1945 starke Schäden auf. Nach provisorischen Reparaturen setzte man sie 1950/51 wieder von Grund auf instand, wobei man auch die Postamente wiederherstellte, jedoch ohne die zerstörten Adlermedaillons zu ersetzen. In diesem unvollständigen Zustand erhielt die Brücke am 1. Mai 1951 den Namen Marx-Engels-Brücke.

Erst im Jahr 1981 kam es zur Rückführung der Skulpturengruppen nach Ost-Berlin und zur Entscheidung, die Originale wieder an ihren alten Standorten aufzustellen. Obwohl in den Jahren 1967 und 1974 repariert und ab 1978 im ehemaligen Abwasserpumpwerk am Landwehrkanal geschützt untergestellt, wiesen die Kunstwerke erhebliche Schäden auf. Unter einer Überdachung neben dem Nationalmuseum folgten deshalb nach gründlichen Materialuntersuchungen umfangreiche Reinigungs- und Ergänzungsarbeiten. Insbesondere das

Montage der restaurierten Figurengrupen 1983

Lösen von Verschwärzungen erhöhte den Zeitaufwand der kostspieligen Restaurierung.

Unter reger Anteilnahme der Bevölkerung »schwebten« dann am 20. September 1983 die ersten vier Figurengruppen auf die mit bulgarischem Marmor verkleideten Postamente der nördlichen Brückenhälfte. Die restlichen vier Gruppen folgten am 26. April 1984. Zur Vervollständigung des Brückenschmucks fehlten noch die acht Medaillons. Nur durch einen kuriosen Tauschhandel gelang es, den Carrara-Marmor für deren Herstellung zu beschaffen. Da die Brückenbauverwaltung nicht über die benötigten Devisen für den Kauf des Marmors verfügte, bat man den Chef der Aufbauleitung Ost-Berlins, Prof. Dr. Gißke, das Material zu beschaffen. Dieser benötigte kurz vor der Einweihung des wiedererstandenen Schauspielhauses 36 historische Leuchten, die ihm die Brückenbauverwaltung im Tausch gegen das Material zur Verfügung stellen wollte. Man ging den Handel ein, und ein Jahr später traf der Marmor in der Bildhauerwerkstatt ein. Da nur für die Medaillons einer Straßenseite Modelle zur Verfügung standen, mussten für die spiegelverkehrten Ausführungen der anderen Seite zunächst neue Muster hergestellt werden. Danach fertigten fünf Bildhauer aus der Werkstatt des Bildhauers Klimes 1988/89 die acht neuen Adlermedaillons. Die Montage der Medaillons im Juli und August 1989 versetzte die Brücke kurz vor dem Ende der DDR wieder in den von Schinkel entworfenen Idealzustand.

Herstellung der Medaillons 1988

Ihren alten Namen erhielt die Schlossbrücke am 3. Oktober 1991 zurück. Aus diesem Anlass brachte man eine Gedenktafel am südwestlichen Postament an.

Montage der Medaillons 1989

Seite 64/65:
Die seit 1989 wieder vollständige Schlossbrücke

Brücken in Vedutenmalerei und Stadtfotografie

Das Aussehen einer Stadt unterliegt im Laufe ihrer Geschichte stetigen, oft auch ganz umfassenden Veränderungen. Das trifft insbesondere auf Berlin zu, wenn man etwa an die städtebaulichen Veränderungen denkt, die mit der Stadtbefestigung nach dem Dreißigjährigen Krieg einhergingen oder mit der Stadterweiterung und Schleifung der Festungsanlagen bis Mitte des 18. Jahrhunderts. Auch die Spreekanalisierung und der Stadtbahnbau Ende des 19. Jahrhunderts trugen, wie nicht zuletzt auch die Zerstörungen im Zweiten Weltkrieg, erheblich zum Wandel des Stadtbildes bei.

Berliner Schloss und Umgebung 1646, unbekannter Künstler

Als stadtgeschichtliche Zeugen halten die Werke der Maler, Kupferstecher und Architekturfotografen das Aussehen der Stadt und bemerkenswerter Einzelbauwerke fest, zu denen auch die Brücken gehören. Oftmals geben nur Fotografien oder sogenannte Veduten Auskunft über ehemalige Brücken und deren bauliches Umfeld. Veduten sind Bilder einer Stadt oder eines charakteristischen Ausschnitts davon, wobei die Wirklichkeit möglichst genau wiedergegeben wird, jedoch auch kleine Abweichungen zulässig sind.

Bis zum 19. Jahrhundert weist die Berliner Stadtmalerei überwiegend die Merkmale der Vedutenkunst auf. Bei den Bildern handelte es sich zunächst um höfische Auftragswerke, bevor wegen der Bildung eines Kunstmarktes im 19. Jahrhundert zunehmend auch zu kommerziellen Zwecken produziert wurde.

Leider sind nur wenige frühe Werke erhalten geblieben. Das älteste Gemälde, das Berlin abbildet, ist von einem unbekannten Künstler mit 1646 datiert worden. Es zeigt den Schlossbereich mit der Hundebrücke davor. Weitere Beispiele früher Werke sind die Radierung des C. Merian (1627–1686) »Churfürstlich Residenzstadt Berlin und Cölln« von 1650, der Kupferstich des ältesten Berliner Stadtplans von J. G. Memhardt (1607–1676) aus dem Jahre 1652, der Kupferstich mit Sicht auf Berlin aus der Vogelperspektive von J. B. Schultz (†1695) von 1688 und die Handzeichnungen J. Stridbecks d. J. von 1690/91, die u. a. den Mühlendamm, die Jungfernbrücke und die Lange Brücke abbilden.

Blick auf die Rathausbrücke 1832, Gemälde von J. H. Hintze

Die Jannowitzbrücke 1891, Gemälde von J. Jacob und W. Herwarth

Im Laufe des 18. Jahrhunderts und bis zu den Napoleonischen Kriegen entstanden zahlreiche Werke der Stadt- bzw. Architekturmalerei. Zu den bedeutendsten Künstlern dieser Epoche gehören J. D. Schleuen d. Ä. (1711–1771), Ch. B. Rode (1725 bis 1797), F. Fechthelm (1748–1819) und J. G. Rosenberg (1739–1808). Die Lange Brücke und spätere Rathausbrücke, die Spandauer, die Hunde- und die Blocksbrücke waren wiederholt Gegenstand ihrer Arbeiten.

Zu Beginn des 19. Jahrhunderts ließ das Interesse an der Stadtmalerei zunächst nach, was sich jedoch nach 1825 wieder änderte. Die bekanntesten Werke schufen in dem darauffolgenden Zeitabschnitt die Maler J. H. Hintze (1800–1861), W. Brücke (1800–1874), E. Gaertner (1801–1877) und F. W. Klose (1804–1874), die sich oft den repräsentativen baulichen Schwerpunkten der Residenzhauptstadt zuwandten. Vor allem die Schlossbrücke, die Jannowitzbrücke, die Friedrichsbrücke, die Her-

Fischerbrücke und Mühlendamm 1890, Foto von F. A. Schwartz

kulesbrücke und die Waisenbrücke fanden das Interesse der Künstler, zu denen neben den bereits erwähnten auch C. Gropius (1793–1870) und M. Roch (1793 bis ca. 1863) gehörten.

In der zweiten Hälfte des 19. Jahrhunderts verlor die Architekturmalerei an Bedeutung und veränderte ihre inhaltliche Thematik. Während bisher die dokumentarische Aussage, die genaue Wiedergabe von Details, im Vordergrund gestanden hatte, übernahm die ab Mitte des 19. Jahrhunderts aufkommende Fotografie nun die Rolle des Dokumentarischen.

Nachdem 1837 L. J. M. Daguerre in Paris erstmals mit fotografischen Aufnahmen von Straßen und Plätzen unter Verwendung beschichteter Kupferplatten experimentiert hatte, kam es nur ein Jahr später in Berlin zu Versuchen ähnlicher Art. Der hiesige Kunsthändler G. Gropius präsentierte 1839 erste sogenannte Daguerretypien von Stadtansichten.

Im Jahre 1852 fand in Berlin das von dem Engländer W. H. F. Talbot erfundene Nasse Kollodiumverfahren erstmals Anwendung. Diese neue Form der Fotografie ermöglichte die Herstellung von Papierabzügen. Die älteste erhalten gebliebene Berliner Aufnahme dieser Technik zeigt eine Brücke. Im August 2002 berichtete Der Tagesspiegel, dass man in New York eine Fotografie der Schlossbrücke von L. Sachse aus dem Jahre 1853 entdeckt habe. Sie zeigt die Brücke mit nur sechs Figurengruppen. Bis zu dieser Entdeckung hatte eine Aufnahme der Waisenbrücke von L. Ahrendt aus dem Jahre 1855 als die älteste Stadtfotografie auf Papier gegolten.

In dieser Zeit der ersten Fotografien

Friedrichsbrücke 1881, Foto von H. Rückwarth

nahm der bekannteste Berliner Stadt- und Architekturfotograf F. A. Schwartz (1836 bis 1906) seine Arbeit auf. Die intensive Bautätigkeit im letzten Drittel des 19. Jahrhunderts erforderte auch den Abriss zahlreicher alter Bauwerke. Diese zu dokumentieren war das Anliegen bedeutender Fotografen, zu denen neben F. A. Schwartz auch H. Rückwardt (1845–1919), W. Titzenthaler (1869–1937), M. Missmann (1874 bis 1945) und W. Pragher (1908–1992) gehörten.

Die Bilddokumentation bedeutender alter Bauten war inzwischen zum Interesse der Stadtverwaltung geworden. Zu erwähnen sind in diesem Zusammenhang der damalige Oberbürgermeister M. von Forckenbeck und die Baustadträte H. Blankenstein und J. Hobrecht. Auch das Preußische Ministerium für Handel, Gewerbe und öffentliche Bauten begann in den 1870er Jahren mit der Bilddokumentation bemerkenswerter Bauwerke und beauftragte hervorragende Architekturfotografen.

Das Hauptamt für Tiefbau besaß zu diesem Zweck bis nach 1945 die sogenannte Technische Lichtbildstelle, die auch für das Brückenbauamt tätig war. Die Bildstelle fotografierte u. a. nach Kriegsende die stark beschädigten bzw. zerstörten Brücken.

Ehemaliger Schlütersteg, Foto von M. Missmann

Die Bauwerksfotografie wurde in Ost- und West-Berlin im Brückenbereich durch die Fotografen Fey und Rappsilber fortgeführt. Es ist zu hoffen, dass die stadtgeschichtlich wichtige Aufgabe der technischen Bilddokumentation bedeutender Bauwerke trotz des unverhältnismäßig starken Abbaus der Brückenbauverwaltung nach der Deutschen Einheit auch zukünftig die gebührliche Berücksichtigung findet.

Gertraudenbrücke 1945, Foto von S. Fey

Bildnerischer Brückenschmuck

Die Berliner Brücken bieten hinsichtlich ihrer Abmessungen keine Superlative, sind jedoch wegen der Vielfalt an konstruktiven Varianten beachtenswert und weisen zahlreiche hervorragende Beispiele von Bauwerksschmuck verschiedener Künstler und Kunsthandwerker auf.

Brücken, die immer in einer Wechselbeziehung zu ihrer Umgebung und den Benutzern stehen, dienten zu allen Zeiten als besondere Orte zur Aufstellung plastischen Schmucks, zur Anbringung von Reliefs, Gedenktafeln und Wappen oder zur Bebauung mit Kapellen und Türmen. In Deutschland repräsentieren u. a. die Regensburger Donaubrücke (1146) und die Werrabrücke bei Creuzburg (1223) die Anfänge geschmückter Brücken.

Eine ausgeprägtere Form dieser frühen Dekoration zeigt die Prager Karlsbrücke (1358) mit ihren schmückenden Figuren. Andere Brücken, wie die Krämerbrücke in Erfurt (1325) oder der Ponte Vecchio in Florenz (1335), erhielten im Mittelalter

Opernbrücke von 1774

Die Königskolonnaden vor der Umsetzung an den neuen Standort 1886

eine Bebauung mit Kapellen, Türmen oder ganzen Häuserreihen und bildeten so unterschiedliche Architekturmotive. Im 16. Jahrhundert traten, wie etwa bei der Rialtoring-Brücke in Venedig, Kolonnaden als Gestaltungselemente auf. In Berlin war diese Gestaltungsvariante in ähnlich reichem Umfang vertreten – am Mühlendamm z. B. und ab Ende des 18. Jahrhunderts auch an der Spittel-, der Jäger-, der Mohren- und der Königsbrücke.

Eine besonders imposante Art der Dekoration war das Reiterstandbild. Spezielle Triumphbrücken hatten den Pont Neuf in Paris mit der Reiterstatue Heinrich IV. von 1614 zum Vorbild. Berlin bot mit dem Rei-

Kaiser-Wilhelm-Brücke von 1891

Reiterstandbild des Großen Kurfürsten vor dem Schloss Charlottenburg

Sphinx vor der Bismarkfelder Brücke

Die Statue der Heiligen Gertraudt auf der Gertraudenbrücke

Figurengruppe der Schlossbrücke

Statue des Markgrafen Waldemar vor der ehemaligen Fischerbrücke

Bärenskulptur auf der Moabiterbrücke

Löwenskulptur an der Löwenbrücke

Ehemaliges Bronzedenkmal des W. v. Siemens an der Potsdamer Brücke 1898

terstandbild des Großen Kurfürsten ein sehenswertes Äquivalent. Das bedeutendste Werk A. Schlüters wurde 1703 im Zusammenhang mit dem Neubau der Rathausbrücke aufgestellt. Das monumentale Kunstwerk machte zusammen mit weiterem Schmuckwerk diese Brücke zu einer der schönsten Europas. Die Aufstellung der Reiterstatue Friedrich III. im Jahre 1906 auf der Monbijoubrücke ist eine Fortsetzung dieser Schmucktradition.

Besonders aufwendig dekorierte Brückenbauten wie Herkules-, Opern-, Königs- und Spandauer Brücke aus der zweiten Hälfte des 18. Jahrhunderts, die allesamt über die Festungsgräben führten, nannte man Schmuckbrücken. Sie dienten vor allem der Verschönerung des Stadtbildes.

In Reihen angeordnete Skulpturen wie bei der Alten Mainbrücke in Würzburg findet man in Berlin z. B. an Schinkels Schlossbrücke. Die von acht hervorragenden Bildhauern geschaffenen Figurengruppen aus carrarischem Marmor waren in das Konzept einer »Via Triumphalis« im Gedenken an den Sieg über Napoleon eingebunden.

Von den klangvollen Namen der zahlreichen Künstler, die bis zur Mitte des 19. Jahrhunderts an der Ausschmückung der Berliner Brücken beteiligt waren, können nur stellvertretend J. A. Nering, A. Schlüter, Boumann d. J. , K. F. Schinkel, J. G. Schadow, C. G. Langhans, G. C. Unger, K. v. Gontard und K. L. Persius genannt werden.

Doch vor allem im Rahmen des großen Bauprogramms zur Schiffbarmachung der Spree am Ende des 19. Jahrhunderts wurde eine Vielzahl von Brücken mit beachtlicher

(Von links nach rechts) Relief an der Grünstraßenbrücke

Pfeilerschmuck der Lessingbrücke

Medaillon der Schleusenbrücke

Adlermedaillon der Schlossbrücke

Ausgestaltung errichtet. Beispiele hierfür sind die Kaiser-Wilhelm-Brücke, die Oberbaumbrücke, die Friedrichsbrücke und die Moltkebrücke. Als Werkstoffe verwendete man vorwiegend Naturstein, Kupfer, Bronze und Gusseisen.

Einige eindrucksvolle Beispiele schmückender Skulpturen an und auf Brücken aus dieser Epoche sind die Standbilder der Markgrafen Waldemar und Albrecht des Bären an der Mühlendammbrücke, die figürlichen Leuchtenträger der Friedrichsbrücke, die Figurengruppen der Von-der-Heydt-Brücke, der Potsdamer und der Viktoriabrücke sowie der Belle-Alliance-Brücke, die Dekoration der Moltkebrücke und der Bismarck-Brücke, die Bären auf der Moabiter Brücke und die Bronzestatue der Heiligen Gertraudt auf der gleichnamigen Brücke. Außerdem dienten Medaillons, Schilde, Trophäen, Kartuschen und anderes Zierwerk den Brücken als Schmuck.

Die Statue der Heiligen Gertraudt verdankt ihr Fortbestehen dem Metallbildhauer H. Füssel, der das Einschmelzen des Kunstwerkes 1944 verhinderte. Nachdem sie den Krieg, im Keller des ehemaligen Jüdenhofes eingemauert, unbeschadet überstanden hatte, stellte der Künstler die Statue 1954 wieder auf. Er reparierte auch die Geländer der Eisernen, der Schloss- und der Schleusenbrücke. Außerdem gehört zu den Verdiensten des Metallbildhauers, dass die Löwengruppe des einstigen Kaiser-Wilhelm-I.-Denkmals auf der Schlossfreiheit nicht vernichtet wurde, sondern nun vor dem Raubtierhaus im Tierpark steht.

Eine wichtige Rolle bei Gestaltung und Ausschmückung der Bauwerke spielten auch die Geländer und Leuchten. Die Geländer der Weidendammer, der Köthener, der Eberts-, der Fenn-, der Lessing-, der Michael-, der Sandkrug-, der Schleusen- und nicht zuletzt der Schlossbrücke zeugen von hervorragendem kunsthandwerklichem Können. Von der Vielzahl der gestalteten

Seite 74/75: Geländerteil der Schlossbrücke

Ehemaliges Geländer der Michaelbrücke

Geländer der Weidendammer Brücke

Geländerdetail der Lessingbrücke

Ehemalige Leuchte der Friedrichsbrücke

Leuchte der Monbijoubrücke

Leuchte der Lutherbrücke

Ehemalige Leuchte der Kronprinzenbrücke

Leuchten sind die der Weidendammer, der Friedrichs-, der Kaiser-Wilhelm-, der Moltke-, der Luther-, der Eberts- und der Monbijoubrücke hervorzuheben.

Ein besonderes Bauwerk entstand mit der Oberbaumbrücke. Dem Bau und dem Schmuck des Bauwerks, das einem märkischen Stadttor nachempfunden ist, dienen mehr als 1000 Formsteinsorten sowie weitere kunsthandwerkliche Arbeiten.

An der Ausschmückung der Brücken ab Mitte des 19. Jahrhunderts waren zahlreiche Künstler und Kunsthandwerker wie O. Stahn, R. Siemering, L. Hoffmann, O. Lessing, J. F. Hobrecht, R. Schirmer, P. Gottheimer und C. A. Piper beteiligt.

In geringerem Umfang blieb die Ausgestaltung der Brücken mit Statuen oder Reliefs auch noch bis zum Zweiten Weltkrieg Inhalt vieler Bauaufgaben (u. a. Brommy-, Gotzkowsky-, Insel-, Rossstraßen-, Grünstraßen-, Lietzenseebrücke). In diesem

Der Kaisersteg aus dem Jahre 1898

Zeitraum änderten sich die Gestaltungsziele, wie an der Glienicker, der Bornholmer, der Swinemünder und der Putlitzbrücke sowie am Kaisersteg zu sehen ist.

Nach der Beseitigung der Schäden des Zweiten Weltkriegs, die nur vereinzelt die Wiederherstellung des bildnerischen Schmuckes einschloss, entstanden als Neubauten überwiegend einfache Konstruktionen. Die Anzahl der Brücken stieg nun rasant. Das Gestaltungsziel entsprach einer Formulierung von F. Standfuß aus seinem 2006 erschienenen Buch »Brücken in Deutschland«: »Gut ausgestaltete Brücken erhalten ihren ästhetischen Reiz vor allem dadurch, dass eine an die örtliche Situation angepasste Lösung gefunden wird und die Proportionen des Bauwerkes in einem harmonischen Verhältnis stehen. Weitere ›Beigaben‹ sind in der Regel nicht notwendig und wirken oftmals eher aufgesetzt und störend.« Das gilt allerdings in Stadtgebieten nur mit Einschränkungen. Hier ist ein gewisser Anteil an bildnerischem Schmuck zur Einpassung in das Stadtbild und zur Vermitt-

Glienicker Brücke von 1907

Swinemünder Brücke von 1905

Putlitzbrücke von 1912

Nördliche Monbijoubrücke von 2006

lung der Bauwerke an seine Benutzer erforderlich. Durch Ausschreibungen unter dem Thema »Kunst am Bau« wurde versucht, dieser Notwendigkeit Rechnung zu tragen. Das Geländer der erneuerten Olympischen Brücke, dessen künstlerisches Motiv die Flaggenkonturen der an der Olympiade 1936 beteiligten Länder bilden, die Neuherstellung der im Krieg eingeschmolzenen Bären auf der Moabiter Brücke oder die Skulptur auf der Beusselbrücke sind einige Beispiele. Auch die 2006 erneuerte Nördliche Monbijoubrücke wurde gestalterisch an die benachbarten Gebäude angepasst. Um die bei der Vorgängerbrücke vorhandene Mittelstütze beim Umbau wegfallen

Georg-C.-Marshall-Brücke von 1999

Spandauer See-Brücke von 1997

lassen zu können, errichtete man eine Stahlkonstruktion, verkleidete diese jedoch mit einer schönen Sandsteinfassade. Öfter jedoch wird man auf Neubauten wie die Spandauer Seebrücke, die Georg-C.-Marschall-Brücke, der Schwedter Steg oder die Lichtensteinbrücke aus den Jahren 1987 bis 2001 treffen, die durch allein den statischen Verhältnissen entsprechend gestaltete Konstruktionen wirken.

Bildnerischer Schmuck war auch bei den neuen Brücken im Spreebogen, wie der Neuen Kronprinzen- und der Alsenbrücke, kein Gestaltungsmittel mehr, so dass hier nun ein reizvoller Kontrast zum Schmuck der Luther- und der Moltkebrücke besteht.

Lichtensteinbrücke von 1987

Brücke oder Tunnel

Wenn man Hindernisse wie Wasserläufe oder Verkehrswege überwinden will, ist oft zwischen dem Bau einer Brücke oder dem eines Tunnels zu entscheiden. Bei den nachfolgend beschriebenen Bauvorhaben erhielt jeweils ein Tunnel den Vorzug. Es handelt sich dabei um den Spreetunnel in Friedrichshagen von 1927 und um den etwa 30 Jahre früher gebauten ehemaligen Straßenbahntunnel, der von der Halbinsel Stralau zum Treptower Park führte. Beiden Tunneln ist gemeinsam, dass bei ihrem Bau wegen der ungünstigen Baugrundverhältnisse technisches Neuland betreten werden musste. Während es sich beim Friedrichshagener Tunnel um eine Einzelentscheidung handelte, ging es beim Stralauer Tunnel um die generelle Überlegung, ob das Nahverkehrssystem bei Spreequerungen als Hoch- oder aber als Untergrundbahn anzulegen sei.

Der ehemalige Straßenbahntunnel ist inzwischen aus dem Stadtbild verschwunden. Heute wird man auf dem Platz am Spreetunnel in Treptow oder entlang der Tunnelstraße in Stralau vergeblich nach einem Tunnel Ausschau halten. Nur die Namen erinnern an den 1899 fertiggestellten Versuchstunnel.

In der zweiten Hälfte des 19. Jahrhunderts erforderte die rasche Bevölkerungszunahme in Berlin und seinen Vororten (1858–95 stieg die Einwohnerzahl um mehr als das Vierfache) die Entwicklung moderner Verkehrsmittel. 1891 legte die Firma Siemens & Halske zusammen mit der Allgemeinen Elektrizitätsgesellschaft den Plan für ein Nahverkehrsnetz, bestehend aus Hoch- und Untergrundbahnen, vor. Die Stadtverwaltung hielt jedoch eine Spreeuntertunnelung für unausführbar, da der Baugrund im Spreebereich aus mit Schlammschichten durchzogenen, Wasser führenden Sanden besteht. Erst nach langen Verhandlun-

Blick von Treptow aus auf den Friedhof in Stralau

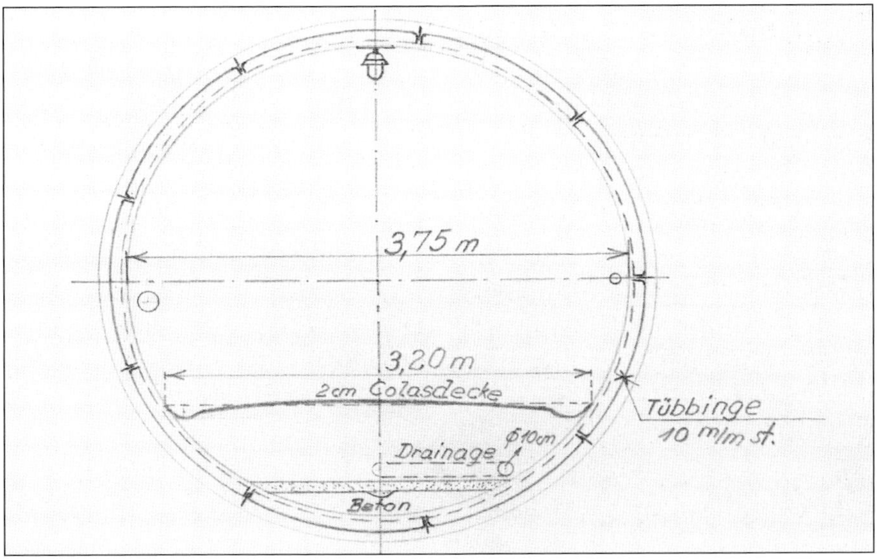

Skizze vom Tunnelquerschnitt

gen einigte man sich auf den Bau des besagten Probetunnels zwischen Stralau und dem Treptower Park.

Die Gemeinde Stralau hatte sich schon lange Zeit bemüht, die Verkehrsanbindung der Halbinsel zu verbessern. Der Anbau eines zwei Meter breiten Steges an die Treptower Eisenbahnbrücke Anfang des 20. Jahrhunderts, der 1927 von der sechs Meter breiten Parkwegbrücke abgelöst wurde, brachte nur für Fußgänger eine gewisse Verbesserung. Zum Straßenbahnanschluss mit Spreequerung verhalf gewissermaßen der Zufall in Form des Probetunnels: Ihre Zustimmung zum Tunnelbau verband die Gemeinde Stralau mit der Forderung nach dem Bau einer eingleisigen Straßenbahn durch den Tunnel.

Im Auftrag der Gesellschaft für den Bau von Untergrundbahnen begann die Firma Philipp Holzmann & Co. im Sommer 1895 mit Vorarbeiten und im Februar 1896 mit dem Tunnelvortrieb. Wegen der schwierigen Baugrundverhältnisse sollte der Vortrieb mittels Druckluft – als sogenannter Schildvortrieb – erfolgen, eines für diesen Zweck erstmals angewandten Verfahrens. Die Ideen stammten vom Oberingenieur W. Lauter und vom Eisenbahndirektor F. Mackensen. Der 454 Meter lange Tunnel verläuft, südlich des Stralauer Friedhofs beginnend, bis 12 Meter unter dem Wasserspiegel und quert die Spree zur Treptower Seite in der Nähe der Gaststätte Zenner. Der Innendurchmesser der Tunnelröhre, die lichte Weite, beträgt 3,75 Meter.

Verzögerungen bei der Beschaffung der Vortriebstechnik und die langwierigen Verhandlungen um die Tunnelnutzung ließen die Fertigstellung bis zur Gewerbeausstellung 1896 nicht zu. Erst ab Dezember 1899 konnte die Straßenbahn 82 durch den Tunnel fahren. Die gewählte Sicherheitsregelung brachte ihr bald den Namen Knüppelbahn ein. Bei der Tunneleinfahrt erhielt der Fahrer einen Signalstab – im Volksmund Knüppel genannt –, den er bei der Ausfahrt wieder abgab. Nur die Bahn mit dem Knüppel durfte in den Tunnel einfahren. Die Fahrzeuge mussten dem einengenden Tunnelquerschnitt angepasst werden. Von diesen speziellen Wagen ist lediglich ein Arbeitswagen erhalten geblieben, der sich ebenso wie ein Exemplar des Knüppels im Deutschen Technikmuseum Berlin befindet.

Nachdem der Probetunnel fertiggestellt war, stimmten die Behörden dem Bau von

Der Knüppel zur Gewährleistung der Verkehrssicherheit

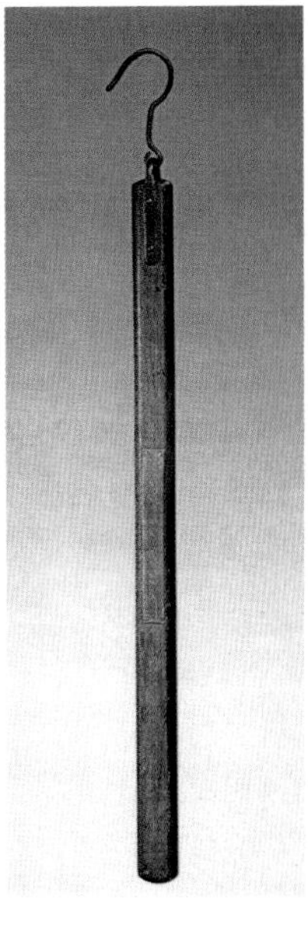

Die Tunnelbahn unter der Spree

Untergrundbahnen bei Spreequerungen zu. Eindringendes Wasser zwang allerdings bereits 1932 zur Einstellung des Straßenbahnverkehrs. Danach wurde der Tunnel für Fußgängerverkehr nutzbar gemacht und während der Olympiade 1936 freigegeben, bevor ein Wassereinbruch erneut zur Sperrung führte.

Im Zweiten Weltkrieg nutzte man einen Teil des Tunnels als Luftschutzkeller, doch als im Februar 1945 nach Bombeneinschlägen in unmittelbarer Nähe größere Mengen Wasser eindrangen, war seine Räumung unumgänglich. Nach einem Bericht des Magistrats wurden die Tunnelrampen Anfang 1949 verfüllt. Bereits 1950 prüfte man jedoch erneut eine mögliche Nutzung und legte die Tunnelrampen zum Teil wieder frei. In einem Schreiben vom 29. Mai 1951 entschied der zuständige Stadtrat schließlich, dass die Gegebenheiten eine derzeitige und zukünftige Nutzung des Tunnels ausschlössen. Die im gleichen Jahr neben der Treptower Eisenbahnbrücke errichtete Stralauer Brücke stellte lediglich für den Fahrverkehr eine Verbesserung dar, da keine Gehbahnen vorgesehen waren. Diese auch Tausendfüßler genannte Brücke wurde 1969 von der Elsenbrücke abgelöst.

Der Friedrichshagener Tunnel entstand etwa 30 Jahre nach dem Stralauer Tunnel und erforderte ebenfalls ein spezielles Verfahren bei der Herstellung. Die von einer Dampfmaschine angetriebene Prahmfähre pendelte seit 1895 in der Verlängerung der Pfeiffergasse in Friedrichshagen über die Spree. Nachdem sie den Verkehr in Spitzenzeiten nicht mehr bewältigte – bei bis zu 40 000 Ausflüglern pro Tag fasste sie pro Fahrt maximal 265 Personen –, forderte man dringend den Bau einer Brücke oder eines Tunnels. Die Diskussion über die beste Variante zog sich mehrere Jahre hin.

Übergabe des Knüppels vor der Tunnelrampe

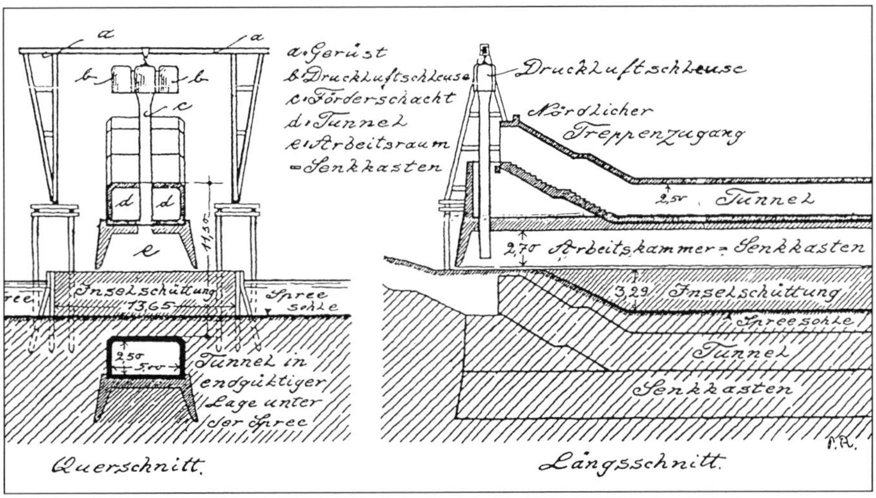

Stralauer Brücke von 1951

Bauprinzip des Friedrichshagener Tunnels

Kriegsschäden am südlichen Tunnelausgang

Die Entscheidung fiel erst nach der Bildung von Groß-Berlin. Die anfänglich geplante Fußgängerbrücke mit 14 Metern Durchfahrtshöhe über der Müggelspree lehnte die Schifffahrtsbehörde ab. Schließlich fand am 18. Juni 1925 die Tunnelvariante die Zustimmung der Stadtverordneten-Versammlung. Der Entwurf sah einen 120 Meter langen und bis 11 Meter unter dem Wasserspiegel liegenden Tunnel vor. Seine Breite sollte 5 Meter betragen. Für die Lage des Tunnels waren die Baugrundverhältnisse maßgebend.

Um die Bauausführung bewarben sich 14 Firmen, von denen die Firma Grün & Bilfinger den Zuschlag erhielt. Große Beachtung in der Fachwelt fand die Tunnelgründungsart, die beim Bau eines Unterwassertunnels in Deutschland erstmals zur Anwendung kam: Um den Schiffsverkehr aufrechtzuerhalten, stellte man die Tunnelröhre in zwei Teilen als Senkkästen aus Stahlbeton her. Diese errichtete man auf Inselschüttungen und senkte sie mittels der Luftdrucktechnik bis zur geplanten Gründungssohle in jeweils 34 Tagen ab. Die Niederbarnimer Zeitung vom 19. Mai 1927 berichtet: »Bemerkenswert ist, dass die Bauarbeiten ohne jeden ernsten Unfall verlaufen sind. Die Anlage selbst, wie dieser ungestörte und ordnungsgemäße Verlauf, stellen der Baukunst der Aktiengesellschaft Grün & Bilfinger und des städtischen Brückenbauamtes, das die Arbeiten zu leiten hat, ein glänzendes Zeugnis aus.« Die Übergabe des fertigen Tunnels fand am 25. Mai 1927 statt. Die Baukosten beliefen sich auf etwa eine Million Reichsmark.

Eine Sprengung am südlichen Tunnelausgang gegen Ende des Zweiten Weltkriegs konnte in der Folgezeit repariert werden, so dass der Tunnel inzwischen über 80 Jahre dem regen Ausflugsverkehr dient. Angesichts der verkehrstechnischen Bedeutung des Bauwerks sollte jedoch über einen Umbau nachgedacht werden, der auch die Passage des Tunnels mit Rollstuhl, Rad und Kinderwagen vereinfachen würde.

Nördlicher Tunnelausgang

Die Abteibrücke

Abseits vom städtischen Hauptverkehrsstrom gelegen, verbindet die Abteibrücke mit kühnem Schwung das Treptower Ufer mit der Insel der Jugend. Bei den jährlich im Juni stattfindenden traditionellen Treptower Festtagen steht die Fußgängerbrücke im Mittelpunkt des Geschehens, wenn angestrahlte Wasserfontänen beiderseits des Brückenbogens emporschießen. Es ist schwer vorstellbar, dass noch in der Mitte des 19. Jahrhunderts die Sicht vom Treptower Ufer hinüber auf das ehemalige Fischerdorf Stralau nicht durch eine Insel verdeckt wurde – doch tatsächlich existierte damals noch keine.

Wie auch bei der »Abtei«, einem im Stile einer schottischen Klosterruine erbauten Restaurant, das der Brücke den Namen gab, waren es im Wesentlichen kommerzielle Gründe, die zur künstlichen Anlegung der Insel führten. In einem Schreiben Treptower Bürger an den Gemeindevorstand vom 26. Juli 1904 wird berichtet: »Mitte der sechziger Jahre des vorigen Jahrhunderts befand sich in der Spree vor den Grundstücken von Mosisch und Kettlitz eine flache Stelle, die mit Schilf bewachsen war. Eine Anlandung, die über Mittelwasser der Spree hervorgeragt hätte, war nicht vorhanden.« Weiter ist ersichtlich, dass ein Herr Heinicke die Auffüllung der schilfbewachsenen Flachstelle mit Erde und Stra-

Stadtwappen von Neukölln am Brückengebäude

Ehemalige Inselgaststätte in der Form einer schottischen Abtei

ßenmüll veranlasste, den er auf dem Wasserweg aus Berlin heranschaffen ließ, und der erste Besitzer der neuen Insel war. Die Insel hieß zuerst Treppbruch-Insel und wechselte später mehrmals ihren Namen, bevor sie 1949 mit der Einrichtung eines Jugendklubhauses den Namen Insel der Jugend erhielt.

Treptow war um 1860 ein zum Kreis Teltow gehörender Gutsbesitz mit wenig mehr als hundert Einwohnern. Der erste Nachweis einer Besiedlung ist die Eintragung über die Zahlung des Pachtzinses durch den Fischer Trebkow aus dem 16. Jahrhundert. Im Jahre 1707 pachtete der Kämmerer Lauer das Treptower Gebiet vom Magistrat von Berlin und errichtete ein Vorwerk in der Nähe der heutigen Gaststätte Zenner. Im Lauf des 18. Jahrhunderts wurde Treptow zunehmend Ausflugsziel der Berliner. Unter der Leitung von Langhans d. J. baute man 1821/22 das alte Vorwerk zu einem zweistöckigen Gasthaus um. Der Gehilfe des Pächters und Feuerwerker Koehn zündete hier 1835 das erste der bald stadtbekannten Feuerwerke. Nicht gerade werbend äußerte sich die Spenersche Zeitung vom 11. Oktober 1833 wie folgt: »Überhaupt seien mit dem Besuch eines Treptower Feuerwerks sieben Plagen verbunden, nämlich der weite Weg, die kühle Abendluft, die unbequemen Plätze, die Gefahr, beschädigt zu werden, das Gedränge am Buffet, die ungünstige Richtung des Windes und der unbeleuchtete Rückweg.« Erst die Berliner Gewerbeausstellung von 1896 leitete die städtische

Die Abteibrücke heute

Probebelastung der Brücke 1977

Entwicklung ein. Der 1876–82 nach Plänen G. Meyers angelegte Treptower Park wurde Schauplatz der Ausstellung. Zum Veranstaltungsbereich gehörte auch die Treptower Spreeinsel, auf der man besagtes Restaurant im Stile einer Klosterruine baute. Das Abteirestaurant fiel 1914 einem Großbrand zum Opfer, blieb jedoch in der Folgezeit im Inselnamen erhalten. Über erste Bemühungen um den Bau einer Brücke gibt ein Aushang vom 12. Juli 1904 Zeugnis, der am Bahnhof Treptow zu lesen war: »Der Restaurateur Gustav Busekov in Treptow beabsichtigt den Bau einer festen Brücke für Wagen und Fußgänger über den seitlichen Spreearm zwischen den ihm gehörenden Grundstück an der Treptower Chaussee zu Treptow und der gegenüberliegenden Treppbruchinsel (Abtei).« Doch zu einem Brückenbau kam es zunächst nicht.

Ende 1913 kaufte die Stadtgemeinde Neukölln die Insel. Über die Motive des Ankaufes schrieb das Berliner Tageblatt vom 7. Juli 1915: »Die Vermutung besteht, dass der Ausdehnungsdrang Neuköllns auf Treptower Gebiet den Weg für die Eingemeindung Treptows nach Neukölln sollte ebnen helfen. Berlin und Neukölln sind in dieser Frage heiße Nebenbuhler.« Die Brückenbaupläne, zunächst durch den Ausbruch des Ersten Weltkriegs verzögert, nahmen im Laufe des Jahres 1915 konkrete Formen an. Drei Varianten für eine massive Bogenbrücke standen zur Diskussion. Erst nach Beginn der Bauarbeiten im Oktober 1915 entschied sich der Magistrat von Neukölln für den Bau eines Gusseisenbetonbogens mit 75 Metern Stützweite, der eine 4 Meter breite Gehbahnplatte trägt. Das Turmgebäude auf der Treptower Seite und das als Café gebaute inselseitige Gebäude wirken bei der Aufnahme der Bogenkräfte mit. Abgesehen davon, dass Stahlbeton zu dieser Zeit eine relativ neue Bauweise darstellte, war der Einbau gusseiserner Rohrprofile als Bewehrung bisher nur selten erfolgt. Fehlende Vorschriften mussten durch umfangreiche Bruchversuche ersetzt werden, bevor die baupolizeiliche Zustimmung erteilt wurde. Das Prinzip dieser Bauweise besteht darin, dass durch Muffen verbundene gusseiserne Rohre zusammen mit weiteren Stahleinlagen einen Verbundquerschnitt bilden. Die Bauarbeiten, bei denen auch französische Kriegsgefangene eingesetzt wurden, wurden zügig vorangetrieben und die Brücke bis zum 1. Juli 1916 fertiggestellt. Den Zweiten Weltkrieg überstand die Brücke unbeschädigt. Auf baupolizeiliche Anweisung war an der Brücke folgender Text angebracht: »Das Ansammeln auf der Brücke ist der Überlastung wegen polizeilich verboten.« Eine Belastungsprobe im Jahre 1977 wies jedoch erhebliche Tragreserven nach, so dass diese Beschilderung entfernt werden konnte. Als eine der ersten Bogenbrücken dieser Bauweise in Deutschland ist die Abteibrücke heute ein interessantes Baudenkmal.

Glossar

Balken: Ein meist waagerechter Träger, der durch senkrechte Lasten auf Biegung beansprucht wird.

Beton: Gemisch aus Kies, Sand, Wasser und einem erhärtenden Bindemittel, meist Zement.

Bewehrung: Stabförmige Stahleinlage im Beton zur Aufnahme der Zugkräfte.

Bogen: Im Aufriss gekrümmter Träger, in dem durch senkrechte Lasten überwiegend Druck erzeugt wird.

Brückenfeld, Feld: Ein Tragwerk zwischen zwei Unterstützungen (Auflagern).

Carrara-Marmor: Aus der italienischen Stadt Carrara (ca. 45 km nordwestlich von Pisa) stammender Marmor, der bereits in der römischen Antike für Bildhauerarbeiten verwendet wurde.

Deckbrücke: Brückenkonstruktion, bei der die Fahrbahn oberhalb des Tragsystems liegt.

Drehbrücke: Bewegliche Brücke, bei der das Tragwerk eines Brückenfeldes für eine Schiffsdurchfahrt herausgedreht wird.

Einwirkungen: Auf ein Tragwerk wirkende Kräfte, insbesondere aus Eigengewicht (ständiger Last), Verkehr, Wind und Temperatur.

Fachwerk: Stabsystem aus Dreiecken, dessen Teile überwiegend auf Zug und Druck beansprucht werden.

Fundament: Der unterste Teil der Unterbauten (Pfeiler, Widerlager).

Gewölbe: Bogentragwerk z. B. aus Beton oder Naturstein, auf das die Verkehrslasten meist durch Auffüllmaterial übertragen werden.

Gründung: Die Art, wie die Lasten einer Brücke über die Fundamente in den Untergrund übertragen werden. Bei Flachgründungen über die Flächenpressung, bei Pfahlgründungen über Druck und Reibung.

Gusseisen: Eine spröde Eisenlegierung mit hohem Kohlenstoffgehalt und dadurch hoher Druckfestigkeit, aber geringer Zugfestigkeit.

Hebebaum: Bei Klappbrücken auf dem Standbaum gelagertes, bewegliches Balkentragglied, das mit Hilfe des daran befestigten Gegengewichts zum Bewegen der Brückenklappe dient.

Hängebrücke: Eine Brücke, deren Tragwerk (Überbau) mittels Hängern aus Seilen an Kabeln aufgehängt ist, die über Pylone geführt werden.

Hohlkasten: Ein meist trapezförmiger Balken, bestehend aus den seitlichen Stegen, der Fahrbahn- und Bodenplatte, der in der Regel begehbar für Prüfung und Erhaltung ist.

Joch: Reihe eingerammter, oben durch einen horizontal liegenden Balken (Jochträger) verbundener Pfähle als Brückenstützung.

Klappbrücke: Eine bewegliche Brücke, bei der das Tragwerk eines Brückenfeldes für eine Schiffsdurchfahrt von einer Seite (einflügelig) oder von zwei Seiten (zweiflügelig) nach oben geklappt wird.

Klinker: Mauerziegel aus einem Tongemisch und leicht schmelzbaren Bestandteilen, die durch das Brennen hohe Druckfestigkeit erlangen.

Kolonnade: Gang, dessen auf geradem Gebälk ruhende Decke von Säulen getragen wird.

Lichte Weite: Freizuhaltende Breite zwischen Brückenelementen, die durch die Abmessung der Fahrzeuge auf dem unterquerenden Verkehrsweg festgelegt wird.

Pfahlgründung: Pfahlförmige Tragglieder

aus Holz, Beton, Stahlbeton oder Stahl, die in den Untergrund gerammt, gerüttelt, gebohrt oder eingespült werden, um die Lasten aus dem Fundament in tragfähige Bodenschichten zu leiten.

Pfeiler: Tragende vertikale Unterstützung eines Tragwerkes (Überbau) zwischen den Widerlagern. Ein einzelner Pfeiler wird auch Stütze genannt.

Pontonbrücke: Balkenbrücke über schwimmender Abstützung, z. B. verankerten Booten.

Schiffsöffnung: Brückenfeld über dem Schifffahrtsprofil.

Schifffahrtsprofil: Querschnittsabmessung des auf dem Gewässer verkehrenden größten Schiffes einschließlich seiner Ladung und erforderlicher Sicherheitsabstände.

Schildvortrieb: Vortrieb einer Baugrube mittels einer speziellen Maschine, deren rotierender kreisrunder Schild unter Einsatz von Luftdruck den Boden löst.

Senkkasten: Gründungsmethode, bei der eine nach unten offene Kastenkonstruktion (Taucherglocke aus Stahlbeton) durch Ausheben des Bodens unter Druckluft bis zum tragenden Baugrund versenkt wird.

Spannbeton: Ein Balkentragglied aus Stahlbeton, das durch vorgespannte Drähte (Spannglieder) innerlich so belastet (zusammengedrückt) wird, dass die Spannungen aus Einwirkungen (überwiegend Eigengewicht und Verkehrslasten) vermindert werden und damit die Tragfähigkeit erhöht wird.

Spannweite: Der Abstand zwischen den Mittelpunkten zweier Unterstützungen eines Tragwerkes.

Stahlbeton: Ein mit Bewehrung versehener und dadurch zugfest gemachter Beton.

Strompfeiler: In einem Fluss stehende, massive, vertikale Abstützungen eines mehrfeldrigen Tragwerks zwischen Widerlagern.

Tragwerk: Aus Traggliedern bestehender Teil einer Brücke (auch Überbau genannt) zur Aufnahme der Lasten aus Verkehr, Eigengewicht und Wind. Meist ein Balken, auch in Kombination mit Bogen, Kabel und Seilen.

Träger: Stabförmiges Tragglied aus Stahl, Stahlbeton, Spannbeton oder Holz.

Stahl: Eine Eisenlegierung mit geringem Kohlenstoffgehalt und hoher Zug- und Druckfestigkeit.

Überbau: Der auf den Unterbauten aufgelagerte, die Straße tragende Teil einer Brücke.

Unterbauten: Die Pfeiler (Stützen) und Widerlager einer Brücke.

Verkleidung: Aus gestalterischen Gründen angebrachte, nicht tragende Schicht eines Bauteils (z. B. Pfeiler, Widerlager), meist aus Natur- oder Ziegelstein. Bei Flusspfeilern auch zum Schutz gegen Treibeis oder Schiffsanprall.

Widerlager: Das meist massive Ende einer Brücke, auf dem der Überbau liegt und das den Übergang von der Brücke zum weiterführenden Straßenkörper und Gelände herstellt.

Schwedter Steg

Literatur

Bartmann, D. / Bothe, R.: Stadtbilder. Berlin in der Malerei vom 17. Jahrhundert bis zur Gegenwart. hrsg. v. Berlin Museum, Nicolai, Berlin: 1987

Borrmann, R.: Die Bau- und Kunstdenkmäler von Berlin. Gebrüder Mann Verlag. Berlin: 1893

Bundesministerium für Verkehr, Bau- und Wohnungswesen (Hrsg.): Steinbrücken in Deutschland Bd. 2, Verlag Bau u. Technik, Erkrath: 1999

Gesellschaft für den Bau von Untergrundbahnen (Hrsg.): Der Spreetunnel zwischen Stralau und Treptow, Berlin: 1899

Heinze, E. / Thiemann, E. / Demps, L.: Berlin und seine Brücken, Transpress Verlag, Berlin: 1987

Hensel, H. W.: Die Straßenbrücken Berlins im Jahre 1949, In: Brücke und Straße 1 (1949), S. 4–8

Jurecka, Ch.: Brücken. Historische Entwicklung – Faszination der Technik, Verlag Schroll & Co., 2. Aufl. Wien und München: 1986

Krause, F. / Hedde, F.: Neue Straßenbrücken der Stadt Berlin, Architektenverlag, Berlin: 1922

Leonhardt, F.: Brücken – Ästhetik und Gestaltung, Deutsche Verlagsanstalt, Stuttgart, 1982

Leupold, J.: Theatrum pontificiale oder Schauplatz der Bruecken und Bruecken-Baues, 1726

Magistrat von Berlin: Die Straßen-Brücken der Stadt Berlin, Verlag J. Springer, Berlin: 1902

Nicolai, F.: Die Beschreibung der königlichen Residenzstadt Berlin. Eine Auswahl, Reclam, Leipzig: 1987

Roggisch, R. (Hrsg.): Der Fußgängertunnel unter der Spree am Müggelmünd in Friedrichshagen (Einiges zu seiner Entstehung 1925–1927). Aus Interesse recherchiert, zusammengestellt und aufbereitet, Berlin-Friedrichshagen 1996

Schramm, C. Ch.: Historischer Schauplatz, in welchem die merkwuerdigsten Bruecken... Leipzig: 1735

Spiker, S. H.: Berlin und seine Umgebung im 19.Jahrhundert. Reprint-Verlag. Leipzig 2004

Springer, P.: Schinkels Schloßbrücke in Berlin, Propyläen Verlag, Berlin: 1981

Standfuß, F. / Naumann, J.: Brücken in Deutschland für Straßen und Wege. Der Fotobildband deutscher Brückenbaukunst, hrsg. v. Bundesministerium für Verkehr, Bau- und Stadtentwicklung, Berlin: 2006

Stiglat, K.: Bauingenieure und ihr Werk, Verlag Ernst u. Sohn, Berlin: 2004

Struve, Ph.: Die Wiederherstellung Berliner Brücken, In: Bauplanung – Bautechnik 1 (1947), S. 133–137

Senator für Stadtentwicklung und Umweltschutz: Die Gärten des Charlottenburger Schlosses, Berlin: 1987

Senatsverwaltung für Bau- und Wohnungswesen Berlin : Sieben Brücken der Berliner Innenstadt, Berlin: 1994

Thiemann,E. / Liman, H. / Verch, W.: Brücken in Brandenburg, Marika Großer Verlag, Berlin: 2004

Thiemann,E. / Desczyk, D. / Metzing, H.: Berlin und seine Brücken, Jaron Verlag, Berlin: 2003

Thiemann, E. / Desczyk, D. / Metzing, H.: Zur Geschichte der Berliner Brückenbauverwaltung, In: Mitteilungsblatt Baukammer Berlin, Heft 2/2001

Uhlemann, H.- J.: Berlin und die Märkischen Wasserstraßen, Transpress Verlag, Berlin: 1987

Weiland, M.: Wasserbrücken in Berlin, Gebr. Mann Verlag, Berlin: 1994

Wittfoth, H.: Triumph der Spannweiten – Geschichte des Brückenbaus, Beton Verlag, Düsseldorf: 1972

Zedlitz, L. Frhr. v.: Neuestes Conversations-Handbuch für Berlin und Potsdam: zum täglichen Gebrauch der Einheimischen und Fremden aller Stände. Fotomechan. Neudr. d. Orig.-Ausg. 1834, Zentralantiquariat der DDR, Leipzig: 1979

Register der Brücken

Für die freundliche Unterstützung danken wir: